무엇으로 원하는 것을 얻을 것인가

: 갖춰라, 만들어라, 옮겨라

무엇으로 원하는 것을 얻을 것인가

| 강준린 지음 |

씽크북

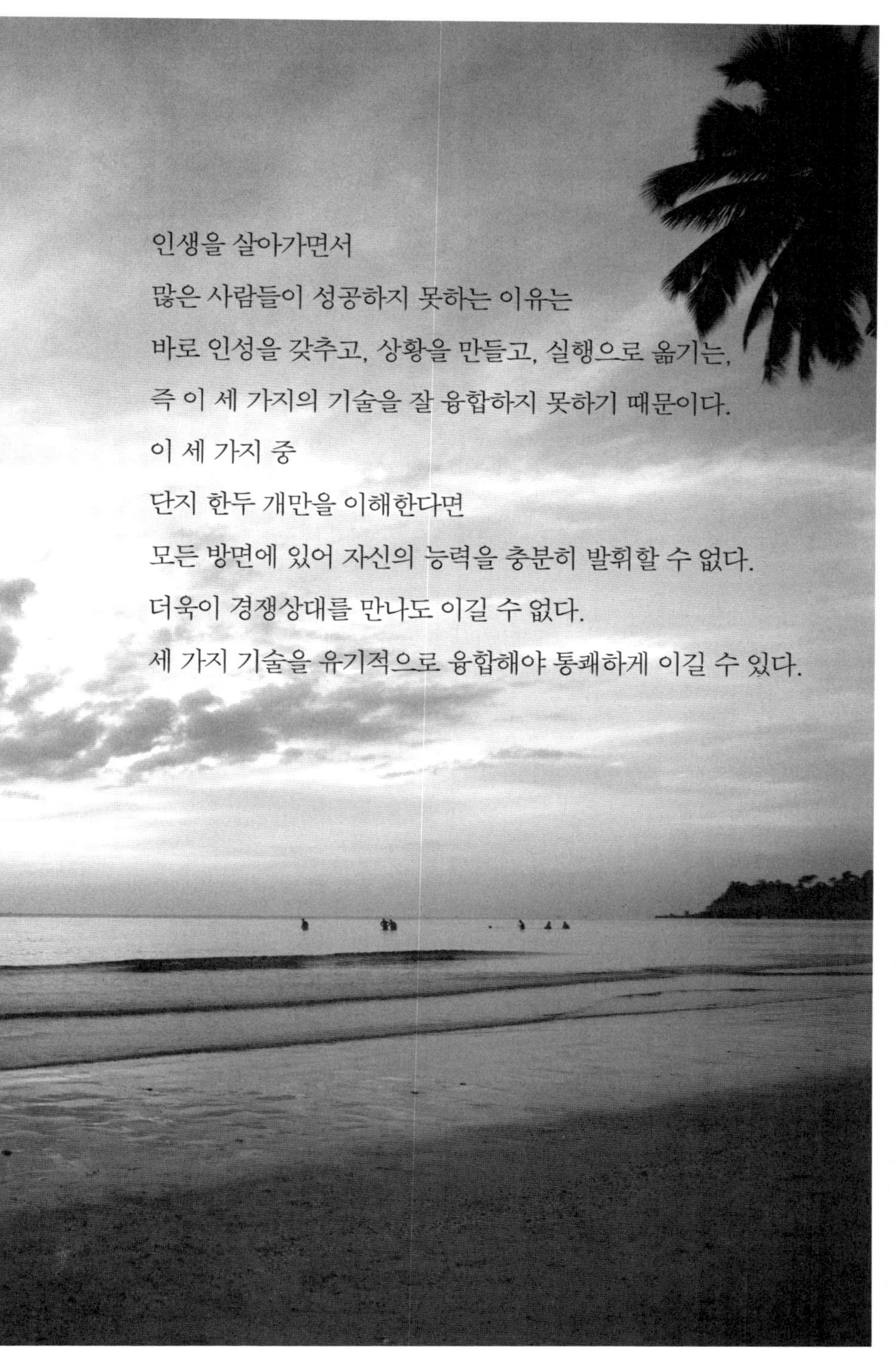

인생을 살아가면서

많은 사람들이 성공하지 못하는 이유는

바로 인성을 갖추고, 상황을 만들고, 실행으로 옮기는,

즉 이 세 가지의 기술을 잘 융합하지 못하기 때문이다.

이 세 가지 중

단지 한두 개만을 이해한다면

모든 방면에 있어 자신의 능력을 충분히 발휘할 수 없다.

더욱이 경쟁상대를 만나도 이길 수 없다.

세 가지 기술을 유기적으로 융합해야 통쾌하게 이길 수 있다.

3

무엇으로 원하는 것을 얻을 것인가 3. 실행

백마디 말보다 한번의 실행이다

프롤로그

　우리 인생의 성공비결은 무엇일까? 우리들이 끊임없이 관심을 갖고 묻는 문제이다. 당연히 한마디로 대답할 문제는 아니다. 하지만 우리가 인생에서 꼭 필요한 세 가지, 즉 인성을 갖추는 것, 상황을 만드는 것, 실행에 옮기는 것으로 집약할 수는 있다. 왜냐하면 이 세 가지 문제가 바로 인생의 성공비결에 대한 지혜로운 해결책이 될 수 있기 때문이다.

　인성을 갖춘다는 것은 사람들에게 칭찬을 받을 만한 사람, 또 인성을 갖추어 다른 사람들과 원활한 인간관계를 만든다는 것이다. 그러나 인성을 갖추는 것은 쉽지 않은 문제이다. 현명한 사람은 인성을 갖추기 위해 여러 가지 방법으로 인심을 얻어 인간관계를 조화롭게 한다. 또한 인성을 갖춤으로 생활 속에서 부딪히는 골치 아픈 문제들을 원활히 해결하고 있다. 이것이 바로 성공한 사람들이 인성을 갖추려고 노력하는 이유이다. 세상을 살아가면서 생기는 어려운 문제들을 해결하지 못한다면 당신이 이룰 수 있는 것은 하나도 없을 것이다.

상황을 만든다는 것은 마치 바둑을 두듯이 정신을 집중해서 계획한다는 말이다. 그러나 상황을 유리하게 만드는 것은 지혜로운 사람만이 할 수 있다. 그들은 빈틈없이 철저히 계획하고 여러 가지로 꼼꼼히 생각해 본 뒤 행동으로 옮긴다. 또한 좋은 상황을 만드는 기술은 바둑을 두는 것처럼 전체적인 상황을 고려해야 한다. 예를 들면 상대에게 약간의 희망을 주었다가 큰 절망을 주는 것처럼 말이다. 그러나 이 같은 상황을 조성하지 못하는 사람은 대체로 자신을 믿지 못하거나, 소심하거나, 지나치게 자만하고 마음대로 행동하는 사람이다.

실행에 옮기는 것은 자신이 가진 가장 좋은 생각을 행동으로 옮기는 것이다. 실행에 옮기는 것은 하나의 기술이자 나아가 일종의 예술이라고 할 수 있다. 실행에 옮기지 못하는 사람은 항상 잘 해내는 사람을 부러워하며 그들이 마치 하늘의 선택이라도 받은 사람이라고 생각한다. 그러나 실제로 실행을 잘하는 사람은 특별한 선택을 받은 것이 아니다. 모든 일을 바로 실행에 옮기기 위해서는 민첩하게 관찰하는 안목을 가지고, 다양한 방법을 적절히 운용할 줄 알아야 하고, 눈앞의 일이 당장에는 잘 안 되어도 포기하지 않으면 된다. 또한 계획을 잘 세우고 능력을 키우기 위해 노력하면 되는 것이다. 이런 습관을 기른다면 많은 일을 실행에 옮길 수 있을 뿐만 아니라 인생의 성공을 얻을 수 있을 것이다.

인생을 살아가면서 많은 사람들이 성공하지 못하는 이유는 바로 인성을 갖추고, 상황을 만들고, 실행으로 옮기는, 즉 이 세 가지의 기술을 잘 융합하지 못하기 때문이다.

이 세 가지 중 단지 한두 개만을 이해한다면 모든 면에 있어 자신의 능력을 충분히 발휘할 수 없다. 더욱이 경쟁상대를 만나도 이길 수 없다.

이 책은 각 단계별로 나누어 인생의 세 가지 기술에 대해 설명한다. 이 책을 읽으면서 당신이 성공적인 인생을 살 수 있도록 도움이 되길 바란다.

무엇으로 원하는 것을 얻을 것인가 1

인성

신용은 최고의 경쟁력이다

생활의 기쁨을
맛보게 되면
일상이
풍요로워진다

삶의 즐거움은 무엇일까? 그것은 간단하다. 사람들은 대부분 돈이나 명예, 권력을 추구한다고 하지만 삶의 즐거움을 추구한다고 하지는 않는다. 왜 그럴까? 그 이유는 바로 돈이나 명예, 권력을 얻게 되면 즐거움은 자연히 따라온다고 생각하기 때문이다. 그러나 자신이 바라는 것을 손에 넣기 위해 애쓰는 과정에서의 즐거움은 도리어 고통으로 변해버리고 만다. 삶의 즐거움을 아는 사람은 인생에 있어서 가장 중요한 것이 무엇인지 알고 있지만 불만에 가득 찬 사람은 남을 부러워할 뿐 자신의 생활을 즐겁게 바꾸지 못한다.

얼핏 간단하다고 생각할지 모르지만 즐겁게 생활하기 위해서는 지혜가 필요하다. 그렇다면 과연 즐겁다는 것은 무엇일까? 어떤 작가는 다음과 같이 말했다.

1. 자신이 평생 동안 즐겁게 일하는 것이 바로 즐거움이다.
2. 뛰어나기 위해 모든 노력을 기울이는 것이 즐거움이다.
3. 희망으로 가득 찬 것이 즐거움이다.
4. 삶이 즐거운 사람은 결과보다 과정을 중요시 한다.
5. 매일 긴장하며 사는 사람은 즐거울 수 없다.
6. 억지로 하는 것은 즐겁지 않다. 순서대로 일을 해야 즐거운 것이다.
7. 일단 돈을 바라고 시작하는 일에는 즐거움이 없다.

8. 즐거움은 심리적 흥분제가 아니고 심리적 안정제이다.

9. 즐거운 사람은 자신의 부족한 부분을 소중하게 여기고 원망하지 않는다. 다만 자신이 가진 것을 귀하게 여길 뿐이다.

10. 즐거운 사람은 모험에 도전한다.

11. 의무감으로 일을 하면 삶은 즐겁지 않고 무료하다.

12. 즐거움이 없는 곳은 없다. 모든 곳에서 즐거움을 찾을 수 있다.

당신은 즐거운가? 만약 그렇지 않다면 다른 사람들의 생각을 알아 보자. 다음은 즐거운 삶을 사는 사람들의 생각이다.

1. 소망을 이루는 것이 바로 즐거움이다

즐거움의 비결은 평생 동안 자신이 좋아하는 일을 하는 것이라고 했다. 평생 동안 자신이 좋아하는 일을 하고 산다면 그것이 바로 즐거움이자 행복이다. 즐거움은 즉흥적이고 순간적이지만 행복은 그렇지 않다. 행복은 오랜 시간의 노력으로 가능한 것이다.

2. 삶이 즐거운 사람은 올바른 자리에 있다

즐거움에도 지혜가 필요하다. 즐거운 사람은 삶을 멋지게 살아간다. 언제 안 좋은 일이 생길지 모르는 불확실한 삶에서 즐거운 마음가짐을 가진 사람은 대담하다. 그렇다면 불만에 가득 찬 사람이 즐겁지 않은 이유는 무엇일까? 그것은 바로 잘못된 자리에 있기 때문이다. 즐거운 사람은 하루하루 어떻게 생활해야 하는 지를 확실히 알고 있지만 불만에 가득 찬 사람은 잘 모르고 있다.

매일 아침 눈을 뜨면 '오늘은 대체 뭘 해야 하지.'라며 자문하곤 한다. 퇴근 후 바람 빠진 고무공처럼 녹초가 되어 TV 앞에 앉거나 술을 마시기 일쑤이다. 이처럼 생활의 즐거움이 없는 사람이 바로 잘못된 자리에 놓여 있기 때문에 항상 즐거움 대신 불만에 가득 차는 것이다. 그들은 아마 많은 돈을 벌고 싶고 높은 산을 오르고 싶은 욕망이 클 것이다.

자신의 욕망을 채우기 위해 포기를 모르고 더 많은 것을 바라지만 결국에는 고통스럽게 된다. 따라서 즐거움을 찾고 싶으면 먼저 자신의 선택에 대한 이해가 필요하다. 당신은 스스로 어떤 상황과 어떤 위치에 처해 있는가? 정말 우리가 바라는 즐거움이 권력과 명예, 부귀일까?

심리학자들은 새로운 활력은 새로운 자극과 한계를 뛰어넘고자 하는 데 있다고 한다. 이것은 바로 산을 좋아하는 사람이 외 항상 높은 봉우리가 있는 산을 향해 도전하는 지를 설명해준다. 즐거움은 일종의 생활 태도이다. 만약 즐거움이 없다면 한 평생 쓰고도 남을 돈이 있고 권력과 명예가 있어도 불행하고 헛된 인생을 사는 것이다.

3. 기분에 따르고 마음에 따르며 인연에 따르는 것이 바로 즐거움이다

　어떤 유명 작가는 즐거움과 상처는 철도에 나란히 놓인 레일과 같다고 했다. 즐거움은 짧은 시간에 느끼는 감정으로 인생이 항상 즐겁지만은 않다. 사람은 일생동안 즐거울 때보다 힘들 때가 더 많지만 삶에서 즐거움을 포기할 수는 없다.

　우리는 매일 나쁜 소식으로 기운 빠지게 되는데, 어째서 기운 나는 일을 찾지 못하는 걸까? 사람들은 즐거움을 찾기 어렵다고 생각하지만 사실은 그렇지 않다. 즐거움이란 위대하고 거대한 이론이 아니라 일상생활에서 구체적으로 실현해야 하는 것이다. 그 대표적인 예로 물질에 욕심이 없다면 정신적으로 보다 폭넓고 풍요한 여유를 가질 수 있다. 뿐만 아니라 물질적인 욕구가 채워진다 해도 그것은 결국 제한적이며 만족도도 빨리 사라지고 만다. 따라서 물질적으로 풍족해도 그 느낌이 오랫동안 유지되는 것은 아니다. 즉, 시간이 지나면 지날수록 만족을 모르고 그 보다 더 많고, 더 좋은 것을 찾게 되는 것이다.

　우리는 삶에서 항상 똑같이 일어나는 사소하고 복잡한 일에 대해 미리부터 걱정한다. 그러나 짧은 인생에서, 유한한 삶에서 우리는, 모두 자신이 하고 싶은 일만 생각하는 여유를 가져야 한다. 또

한 노력이나 과정에 대해서도 가치를 두어야지 결과만 주시해서도
안 된다.

신용은
하늘이 주신
최고의 선물이다

신용이 없는 사람과는 처세에 대해 이야기하지 마라. 우리가 믿음으로 사람을 대하는 것은 오랫동안 전해오는 미덕이고, 수천 년간 정의로운 사람들이 칭찬하는 것이 바로 신용이다. 신용은 처세의 원칙중 하나이다. 사람들은 신용을 처세의 근본으로 생각하고 따라왔다. 따라서 젊은이들에게 사람을 대하고 일을 처리하는 데는 반드시 '신용'이라는 두 글자를 먼저 가르치고 신용을 지키는 습관을 키워주었다. 만약 사업을 할 때 신용을 지킨다면 어려운 경쟁에서도 승리할 것이다.

신용은 사람의 기본이다. 사람을 대할 때 정성과 진심을 다하는 것이 바로 신의를 중요시 하는 것이다. 정성이 지극하면 하찮은 낙숫물에 바위에 구멍이 뚫리듯이 정성은 만물을 변화시킬 위대한 힘을 가지고 있다. 따라서 진심에 영혼이 있다는 말은 정성이 얼마나 중요한지를 말해준다. 그러나 반대로 진실한 마음이 없다면 어떤 행동을 해도 통하지 않고, 또 어떤 일을 해도 잘 이루어지지 않는다. 마음이 추한 사람은 거짓으로 가득해 사람들의 신임을 없을 수 없다. 따라서 순자荀子는 신임의 바탕인 정성에 대해 다음과 같이 말했다.

"천지는 위대하지만 정성이 없으면 만물을 화육化育하지 못한다. 성인은 지혜롭지만 정성이 없으면 만백성을 교화教化시키지 못한다. 아버지와 자식은 친하지만 정성이 없으면 소홀해지고 임금은 존귀하지만 정성이 없으면 천해진다. 정성이란 군자가 반드시 지켜야 할 덕성이며 정치의 근본이다."

명조 때 주순수朱舜水는 보다 직접적으로 표현을 했다.

"수신修身과 처세에는 진심을 다하는 것 외에 다른 것은 없다. 따라서 군자가 진심을 귀하게 여기는 것이다. 나라를 다스리는 천자天子에서부터 백성들까지 진심을 버리지 않으면 못 이룰 일이 없다. 그런데 오늘날 어찌하여 사람들은 세상을 속이고 명예에 도취되어 계책을 얻으려 하는가?"

이와 같이 진심은 모든 일의 근본으로 사람이 반드시 가져야 하는 것이다. 오직 마음속에 진심이 있고 남을 속이려 하지 않는 사람만이 스스로 긍지를 가질 수 있고 남들에게 신임을 얻을 수 있다. 우리나라 사람들은 유독 충의와 신의에 높은 가치를 두었는데 그 이유는 바로 그 두 가지가 처세의 근본이기 때문이다. 믿음 · 지혜 · 용기는 사람이 사회 속에서 독립하는 세 가지의 조건이라 할 수 있다. 그 중에 믿음에 해당하는 신임은 첫 번째로 손꼽힌다.

믿음이라는 뜻의 신信자는 원래 사람人과 말言을 합한 회의자이다. 한자의 뜻을 해석해 놓은 『설문해자說文解字』에는 믿음과 정성이라는 말을 믿음이 곧 정성이고 정성이 곧 믿음이라고 풀이하고 있다. 옛날 정보를 전달하는 방법은 사람들의 입소문으로 전해지는 것 외에는 달리 특별한 방법이 없었다. 따라서 소문을 전하는 사람은 반드시 사실 그대로를 말해야 하니 이것이 바로 진심과 믿음이 갖는 본래의 의미이다. 말에는 반드시 믿음이 있어야 하고 그 말을 행동으로 옮길 때에는 반드시 진실, 즉 사실이어야 한다.

남의 부탁을 들어줄 때 진심을 다해야 하는 것은 다른 사람을 대하는 처세의 근본이다. 이와 같은 도덕적 원칙에서 진실하고 믿을 만한 말과 행동을 규범화해야 한다. 신임은 사회가 발전함에 따라 법률적으로 확대되어 사람들 간의 교류와 그 속에서 발생하는 여러 문제에 더욱 큰 역할을 하고 있다. 옛날 공자의 제자인 증자曾子는 다음과 같이 말했다.

"나는 날마다 내 몸을 세 번 반성한다.
남의 일을 해줄 때 충의를 다했는가?
친구와의 사귐에 믿음이 있었는가?
배운 것을 익혔는가?"

덕이 있고 사회에 책임감이 있는 사람이 되려면 사람들에게 얻는 믿음이 매우 중요하다. 친구를 사귈 때도 믿음이 있어야 하는게 〈논어論語〉에는 '약속이 의리에 가깝게 되면 그 말을 실천할 수 있다.'고 하며 믿음을 중요시 하였다. 왜냐하면 믿음이 없는 사람은 일을 하거나 사람을 대할 때 다른 사람들이 상대해주지 않기 때문에 올바로 살아갈 수 없기 때문이다. 따라서 공자는 '말에 믿음이 없으면 옳은지 모르겠다.'고 한 것이다. 믿음은 진심과 떨어질 수 없다. 진심은 믿음의 근본이기에 진심이 있는 사람이야 말로 신의, 즉 믿음을 지킬 수 있는 것이다.

mentoring

다른 사람과 함께 일을 할 때는 신용이 근본이 된다. 바꿔 말하면 신용이 있는 사람이라면 무슨 일이라도 함께 할 수 있다는 말이다. 만약 진심과 믿음이 없는 사람이라면 사람을 대할 때나 일을 할 때 실제와는 다른 상황이 생기기 마련이다.

지혜로운
상대와 맞붙기

처세를 하려면 우선 사람과의 교제를 해야 한다. 예를 들면 지혜로운 사람과도 사귀게 되는데 성공한 사람은 독특한 방법으로 지혜로운 사람을 잘 대한다. 성공한 사람은 주로 사람들이 저마다 가진 특별한 취미나 욕구, 여러 가지 세세한 문제, 생각, 능력, 행동, 특징 등에 신경을 쓴다. 또한 상대가 지혜로운지 아닌지를 판단하기가 쉬워 보일지 몰라도 단 한 가지 면만 보고 결정을 내릴 수는 없다. 만약 지혜로운 사람을 이기고 싶으면 이 점을 고민해 볼 필요가 있다.

성격은 사람마다 각양각색이다. 여기서 성실함과 용기, 충성심, 선량한 품성을 가진 사람을 이야기할 필요는 없다. 그러나 평범하다고 여기고 쉽게 지나쳐버리는 상대가 가진 특징에 신경을 쓰지 않으면, 그를 이길 수 없다. 누가 어떤 상황에서 어떻게 대처할 것인가에 대해 쉽게 예측할 수는 없지만 어떤 사람이든지 간에 누구나 어느 정도 예감할 수는 있을 것이다.

지혜로운 사람은 대부분 자신이 가진 두려움과 허영심을 숨긴다. 그러나 우리는 그 허영심이 얼마나 깊은가를 파악해야 한다. 그래야만 다양한 방법으로 지혜로운 사람을 부추겨 훗날 그를 능가할 수 있는 것이다.

열심히 하라고 격려를 받았을 때 흥분하며 좋아하는 사람은 대

체로 다른 사람의 감정을 잘 모른다. 그들은 남들에게 받은 격려로 자신의 허영심을 만족시키기 때문에 오히려 일을 크게 만들어 자신의 숨씨가 이러하다는 것을 보이려고 할 뿐이다.

다른 사람을 격려할 때 그 말이 적합하다면 말한 사람의 의도가 좋지 못하다 해도 대부분 그냥 넘어갈 것이다. 그러나 만약 아무런 목적이나 이유 없이 격려를 한다면, 예를 들면 맨손으로 무서운 사자와 맞붙도록 부추긴다면, 상대는 그의 말을 따르지 않을 것이다. 사람마다 다르겠지만 상황을 살펴보았을 때 아무것도 없이 무모하게 맨손으로 사자와 싸울 사람은 없기 때문이다.

또한 원래 싸우기를 싫어하는 사람이나 싸울 능력이 안 되는 사람이라면 아무리 격려를 해준다 한들 소용없다는 사실도 생각해야 한다. 그와는 반대로 사자와 싸우는 일이 쉽다고 생각하는 사람이라면 일부러 부추기거나 격려하지 않더라도 스스로 행동할 것이다. 만약 자신이 이룰 수 없다고 생각하며 행동하기를 두려워할 때 격려를 해주면 그 효과는 더욱 빛을 발한다.

mentoring

지혜로운 사람을 대할 때는 격려해주거나 용기를 북돋아 주어야 된다. 가장 짧은 시간 안에 그가 가진 잠재력을 이끌어 내는 계기가 될 수 있기 때문이다. 따라서 격려는 지혜로운 사람을 사귀는 하나의 방법이라 할 수 있다.

무엇으로 원하는 것을 얻을 것인가 1. 인성 _ 신용은 최고의 경쟁력이다

사람들 사이의 지위는 다르다. 그러나 꼭 지위가 높지 않다고 능력이 없는 것은 아니다. 즉, 지위가 낮은, 하찮아 보이는 사람이라도 그가 가진 능력을 중요시해야 한다. 그래야만 그에게도 큰일을 할 기회가 주어지기 때문이다.

전국戰國 초, 위魏나라는 가장 강성한 나라였다. 왜냐하면 바로 위나라의 군주 문후文候가 현명했기 때문이다. 그는 어진 사람을 예의와 겸손으로 대하고 사람이 가진 능력을 잘 파악하여 적재적소에 잘 썼다. 특히 문후는 덕망이 높고 재능있는 사람을 신임하고 존경하기로 유명했는데 위나라에 단간목段干木이라는 사람이 있었다. 그는 덕과 재능을 함께 갖춘 자이기에 위나라에서 명망이 높았다. 그러나 외진 곳에 은거하면서 관직에는 뜻이 없었다.

한편 그의 소문을 들은 문후는 그를 만나 나라를 다스리는 방법에 대해 가르침을 받고 싶었다. 이에 문후는 수레를 타고 직접 단간목을 방문했다. 단간목은 위문후가 탄 수레 끄는 말의 기척소리를 듣고는 재빨리 담을 넘어 도망쳐버렸다. 문전박대를 당한 문후는 기분이 상했으나 어쩔 수 없이 돌아왔다. 그날 이후 몇 번을 더 찾아갔지만 단간목은 군주를 만나주지 않았다. 그가 만나지 않으려 하면 할수록 문후는 그의 인품에 더욱 존경심을 갖게 되었고 매번 수레를 타고 문 앞에 이르면, 앉은자리에서 일어나 수레 난간을 붙잡고 오랫동안 서서 바라보며 존경의 뜻을 표했다. 그러나 주위에서는 이런 문후를 말렸다.

"단간목은 호의를 무시하고 있습니다. 군주께서 몇 차례나 그를 찾아 가셨지만 도망가 버리고 만나기를 피하니 그를 상대해서 무엇 하겠습니까?"

그러나 문후는 고개를 저으며 말했다.

"단간목은 정말 대단한 인물이오. 권력이 있는 자에게 아첨하지 않고 부귀를 꾀하려 하지 않으며, 인품과 덕성이 고상한데다 학식이 심오한 사람이오. 이 같은 자를 내 어찌 존경하지 않을 수 있겠소!"

나중에 문후는 아예 수레를 타지 않고 시종도 없이 홀로 걸어서 단간목의 집에 갔다. 수레소리를 듣지 못한 단간목이 도망가지 못해, 문후는 가까스로 그를 만날 수 있었다. 단간목과 마주 앉게 된 문후가 정중히 가르침을 청하자 단간목도 그 정성에 감동하여 좋은 의견을 들려주었다. 문후는 단간목을 위나라의 재상으로 삼으려 했지만 아무리 해도 말을 듣지 않아 스승처럼 모시고 자주 찾아가 중요한 일을 상의했다. 이 소문은 재빨리 사방에 퍼져 위나라 문후가 인재를 중요시한다는 것을 알고 똑똑하고 재능 있는 자들이 앞을 다투어 위나라로 몰려들었다. 그 가운데 특히 이리^{李悝}와 같은 인재의 도움으로 위나라는 급속도로 경제를 발전시켜 여러 제후국 가운데 가장 강성한 나라가 되었다.

사회에서 사람과 사람 사이의 지위는 똑같지 않다. 위문후와 단간목처럼 어떤 사람은 높은 관직에 있고, 또 어떤 사람은 낮은 관직에 머물 것이다. 어떤 사람은 돈이 많을 것이고 또 어떤 사람은 반대로 가난할 것이다. 이런 차이가 때로는 사람 사이의 표면적인 차별을 가져오기도 한다. 일반적으로 열등하다고 느끼는 사람은 대체로 자신보다 우세하다고 생각하는 인물과 사귀는 걸 망설인다. 마치 낮은 위치의 자신을 깔볼까봐 미리 겁먹고 두려워하는 것이다.

따라서 이런 상황에서는 보다 우세한 위치에 있는 사람이 자신의 말과 행동에 더욱 신중을 기해야 한다. 말 한마디, 눈빛, 작은 동작 하나가 낮은 위치에 있는 사람의 민감한 부분을 자극할지 모르기 때문이다. 성공한 사람은 이 사실을 잘 알고 크게 중요한 인물이 아니더라도 특별히 신경을 쓴다. 이것이 바로 인심을 얻는 방법의 하나이기 때문이다. 겸허하지 않고서는 어짊을 얻을 수 없다는 도리가 바로 여기에서 알 수 있다.

상대에게 자신이 푸대접 받지 않고 오히려 중요시 되고 있다는 것을 느끼게 하려면 예의를 갖추는 것만으로는 충분하지 않다. 때로 여러 방법으로 아무도 모르게 보잘것없는 사람에게 용기를 주어야 한다. 이어서 간단한 두 가지 방법을 살펴보자.

1. 자신의 얼굴에 먹칠하기

상대를 높여주기 위해 자신의 바보 같은 행동 혹은 실수한 경험을 이야기하는 것이다. 사람의 체면이라는 것은 마치 시소를 타는 것처럼 한 사람의 체면이 높아지면 다른 한 사람이 낮아진다. 상대가 높아지려면 당연히 자신의 체면을 깎아야 한다. 윌슨의 이야기가 바로 그 예로 볼 수 있을 것이다.

윌슨이 뉴욕에서 오찬 모임에 참석했다. 사회자가 그를 장래의 미국 대통령이 될 사람이라고 소개했다. 물론 윌슨에게 잘 보이고 싶어서 한 말이지만 자리에 앉아 있던 사람들은 속으로 윌슨이 대통령이 되기에는 부족하다고 느끼고 있었다. 그때 윌슨은 사람들이 사회자의 과장된 소개로 당황해 하고 미덥지 않는 사람들의 표정을 보고는 그들의 생각을 바꿔주어야겠다고 결심했다.

"저는 가끔 다음 이야기 속의 사람과 닮았다고 생각합니다. 어떤 사람이 캐나다에서 술을 너무 많이 마셔서 북쪽으로 가는 열차를 타야 했는데 남쪽으로 가는 열차를 탔습니다. 이 사실을 알고 사람들이 급히 윌슨이란 사람을 북쪽 열차로 보내라고 열차에 전보를 쳤습니다. 곧바로 회답이 오기를 '윌슨이란 이름을 정확히 알려주세요. 열차 안에는 술에 취해 자기의 이름이 뭔지도 모르고 어디로 가야하는지도 모르는 사람이 여러 명입니다.' 라고 했습니다. 물론 나는 내 이름은 정확히 알고 있습니다. 그러나 조금 전 사회자가 소개한 것과는 달리 내 목적지가 어디인지는 아직 알지 못합니다."

들고 있던 사람들이 모두 웃음을 터뜨렸다. 윌슨의 겸손함과 재치로 사람들의 의심에 가득 찬 표정은 없어졌다.

2. 보잘것없는 사람의 이름 기억하기

시끄러운 회의실에서 우리는 자신과 상관없는, 즉 누군가가 칭찬받는 말은 잘 들리지 않을 것이다. 그러나 만약 우연히 자신의 이름이 거론되면 그 즉시 귀가 솔깃해 기울여질 것이다. 또 길을 가고 있을 때 갑자기 누군가 뒤에서 당신의 이름을 부른다면 누구인지 알기 전에 의식적으로 발걸음을 멈추고 뒤돌아 대답할 것이다. 어느 심리학자는 사람의 마음속에 가장 아름답고 듣기 좋다고 생각하는 말이 다름 아닌 자신의 이름이라고 했다. 생활 속에서 우리는 공통적으로 이와 비슷한 경험이 있을 것이다. 어떤 상황에서 우연히 자신의 이름이 불린다면 당신은 바로 얼굴이 환해지고 자기의 이름을 부른 사람에게 친밀감과 호감을 느낄 것이다.

루즈벨트가 처음 미국 대통령 선거 활동을 할 때 그의 보좌관은 승리를 위한 초인적인 기억력을 발휘하였다. 그는 미국 전지역의 2만 명이 넘는 각계 인사들과 사귀면서 그들의 이름을 하나하나 기억했다. 이름뿐만 아니라 개개인의 가정 형편과 정치적 견해를 모두 기억해서 다시 만났을 때 다시 구체적으로 물었다. 정원의 나두가 어

떻게 자라고 있는지 가정의 소소하고 세부적인 문제도 묻곤 하니 그와 사귀는 사람들은 즐거웠다. 보좌관에 대한 호감은 루즈벨트에게도 이어져 선거 당시 폭넓은 인사들의 지지를 받았다. 루즈벨트가 대통령이 된 것은 아마도 상당부분 그의 보좌관의 뛰어난 기억력의 공덕이라고 할 수 있다.

이름은 세상에서 가장 달콤한 말이다. 누군가에게 그의 이름을 불러주는 것은 가장 중요하고 자기의 이름을 들은 상대는 당신의 말이 달콤하게 들릴 것이다. 큰 인물에게는 남들의 이름을 기억하는 것은 가장 경제적이고 간단한 동시에 효과적으로 상대의 체면을 세워주는 좋은 방법이다.

무엇으로 원하는 것을 얻을 것인가 1. 인성 _ 신용은 최고의 경쟁력이다

사람을 사귀는 방법은 여러 가지가 있다. 그러나 사람을 사귈 때 자기에게 이익이 되는 사람만 사귀어서는 안 된다. 다양한 사람과 사귀면서 힘을 한데로 모아야 하며, 각기 새로운 화젯거리를 찾고 공감대를 형성하여 급할 때 도움을 받을 수 있어야 한다. 만약 당신의 얼굴에 도움이 필요할 때만 찾는다는 표정이 드러나면, 도움은커녕 쓴 소리만 들을 뿐이다.

어떻게 하면 불편한 사람과 친해질 수 있을까? 다음 사항을 살펴보자.

1. 지위가 낮은 사람과 친해지기

만약 한 회사의 사장과 평사원을 동시에 만나 명함을 주고받게 되면 일반적으로 평사원이 주는 명함보다 사장의 명함을 주시할 것이다. 그 이유는 바로 사장이 지위가 상대적으로 높아 자기에게 어떤 도움이 될지도 모르기 때문인데, 인간관계에서 꼭 높은 사람과 관계를 쌓으려 해서는 안 된다. 함께 첫 출발을 시작한 입사 동기가 승진하고 출세해서 훗날 누구보다 더 큰 도움을 줄 수 있을지도 모르기 때문이다.

따라서 현재 지위가 낮다는 이유만으로 상대를 무시한다면 나중에 발목을 잡는 걸림돌이 될 것이다. 혹 당신이 무시한 상대가 나중에 힘을 갖게 된 뒤 친절하게 대해줄지도 모르지만 서로 허물없이 친해질 수는 없는 것이다. 따라서 장래가 밝은 평사원일수록 더욱 예의를 갖추고 정중히 대해야 한다. 단지 현재 눈앞에 보이는 지위만 중시하면 인간관계는 극히 제한적일 수밖에 없다. 낮은 지위에 있더라도 먼 미래를 보고 투자하면 분명 투자보다 더 큰 보답을 받을 것이다.

2. 부딪혔던 사람과 친해지기

처음 만나는 사람과는 대체로 가볍고 부드러운 이야기로 시간을 보내야 한다. 그러나 때로는 처음 만났을 때부터 논쟁이 생기고 서로 화를 돋워 싸우기도 한다. 헤어지고 난 뒤 그 상대와는 다시 친해지기 어렵다는 생각에 후회할지도 모르지만 그 때문에 속상해할 필요는 없다. 첫 만남에서 싸운 상대가 오히려 평생의 친구가 될 수도 있다.

3. 경쟁 상대와 친해지기

경쟁 상대를 만났을 때는 서로 안부를 묻거나 인사를 나누고 싶지 않을 것이다. 더 바라는 것은 경쟁 상대와 마주치지도 만나지도 않는 것이지만, 사실상 불가능한 일이다. 만약 여러 사람과 함께 만나게 되었을 때 당신이 경쟁 상대와 인사를 하지 않았다면 상황은 곤란하게 변한다. 원래 인사는 처음 얼굴을 마주치자마자 해야 하기 때문에 그 순간, 그 시기를 놓쳐버리면 다시 하기가 어렵다. 특히 당신이 경계심으로 대하는 경쟁 상대에게 인사를 하지 않았다면, 경쟁 상대가 기분 나빠지는 것은 둘째 치고, 그 모습을 본 주변사람들이 당신에 대해 좋은 인상을 갖지 않기 때문이다.

혹시 당신의 성격이 부끄러움을 잘 타는 내성적이어서 인사를 하지 못했을 수도 있다. 지나치게 내성적인 사람은 '안녕하세요.' 라고 말하기 전에 먼저 얼굴이 붉어지고 당황하기 때문이다. 낯선 사람을 만났을 때 심하게 긴장해서 먼저 인사를 하지 못하는 것이다.

내성적인 성격문제이건 실수이건 간에, 경쟁 상대에게 인사를 하지 않는 것은 당신에게 큰 문제가 될 것이다. 인사할 시기를 놓쳤다면, 다시 몸을 돌려 상대에게 가자. 가서 솔직하게 자신의 성격에 대해 말하거나 실수라고 말하는 등 약간의 변명을 시작으로, 다시 인사를 하고 안부를 물어야 한다. 그래야만 사람들은 당신을 절대로 예의 없는 사람으로 생각하지 않을 것이다.

효과적인
인간관계를
만들어야
하는 이유

처세에 있어서 효과적인 인간관계는 필수적이다. 성공한 사람의 공통적인 특징이 바로 인간관계를 잘 이해하고 있다는 점으로, 그들은 인간관계에 중요한 가치가 있다고 보고 그 기술을 배우려 한다. 따라서 우리는 어떻게 해야 다른 사람의 판단에 영향을 줄 수 있을지 고민해보아야 한다. 이 문제에 대한 성패가 바로 사람들 사이의 교제로 귀결될 수 있기 때문이다.

우리가 살고 있는 세상에서 인간은 가장 귀중한 존재이다. 이 세상에서 생존하는 모든 생명체를 비교해보아도 인간은 가장 중요한 존재이다. 당신이 원하든 원하지 않던 간에 세상에 살아 있는 한 주위 사람들과 교류해야 한다. 오늘날까지 로빈슨 쿠르소처럼 혼자 산속에서 고독한 생활을 견디는 사람은 없었기 때문이다. 우리는 더 큰 성공을 위해 사회 환경을 벗어날 수는 없으며 주위에 사람 없이는 살 수 없다. 그렇기에 현실 속에서 다음과 같은 상황을 자주 접하게 된다.

1. 기계를 잘 다루는 수리공이 해고 일순위이다.
2. 학교 다닐 때 성적이 그다지 뛰어나지 않았던 사람이 졸업한 뒤에는 오히려 다른 사람들보다 더 빨리 직장을 잡아 출세란다.
3. 회사에서 가장 열심히 한 친구가 재계약을 맺지 못한다.

　물론 간단하게 단 한마디나 몇 마디로 이 상황을 설명할 수는 없다. 그러나 한 가지 분명한 사실은 이들이 가진 개성과 그들이 생각하는 남들의 개성이 분명 다르다는 것이다. 이 때문에 그들은 효과적인 인간관계의 특징을 파악하지 못한 것이다. 효과적인 인간관계는 반드시 효과적인 상호작용, 즉 그에 대한 보답이나 결과를 가져온다.

　예를 들면 약한 사람에게는 말 잘 듣는 어린양처럼 이용하고 독단적인 사람에게는 독단적인 방식으로 강요하는 것이다. 카네기의 흥미 있는 연구를 살펴보면 성공에 필요한 것은 85%가 개성이고 15%가 전문적으로 필요한 특수한 기술이나 훈련이라고 했다. 사적이든 공적이든 모든 인간관계는 서로가 이기적인 생각으로 대한다면 쌍방은 항상 서로에게 이익을 주기만 바랄 것이다.

　만약 당신이 다른 사람이 절실하게 필요로 하는 것을 주면 상대 역시 당신이 급할 때 도와줄 것이다. 따라서 효과적인 인간관계는 서로 감정적으로 기본적인 욕구를 만족시켜 주어야 통할 수 있다는 말이다. 다음에서 제시하는 세 가지는 기본적인 감정의 욕구를 적은 것이다.

1. 일에 대한 이해
2. 성과에 대한 인정과 그에 부합하는 상장

3. 우정과 그 우정의 안정감

우리는 반드시 인간의 본성에 대해 이해해야 한다. 그러나 가장 먼저 생각해야 하는 것은 다른 사람의 본성이 아니라 바로 자기 자신의 본성이다. 이기적으로 생각될지는 몰라도 이렇게 자아를 먼저 알아가기 때문에 인류가 생존해 올 수 있었던 것이다. 물론 누구나 나보다 남을 먼저 위한다고 말할 수도 있다.

만약 우리가 생존의 자의식과 거리가 멀다면, 항상 다른 사람의 욕구를 자신보다 우선시 하고 자신을 희생할 것이다. 그러나 이렇게 자기가 가진 욕구를 외면하면 자기 자신을 부정하게 되고 자신이 가치 있는 사람이라는 생각도 하지 못할 것이다. 일단 우리가 자아를 부정하는 단계에 도달하면 인간관계에서 큰 어려움을 겪을 것이며 더불어 성공으로 가는 길마다 장애에 부딪힐 것이다.

mentoring

지혜로운 사람이 처세에서 가장 크게 고민해야 할 문제는 바로 인간관계가 어떠하냐이다. 누구나 세상을 살아가면서 인간관계로 인해 난처해지는 경우가 있다. 따라서 가장 효과적인 인관관계를 맺을 수 있는 방법을 찾아야 한다.

상대방의 기호를 파악하라

똑똑한 사람은 상대방이 어떤 기호를 가졌는지를 기억해 훗날 그 사람의 마음을 사로잡는다. 이것은 성공한 사람에게는 반드시 필요한 기술이다.

뉴욕 전화국이 통화 중 가장 자주 쓰는 말을 조사해본 결과 500건의 통화 가운데 일인칭 대명사인 '나' 로 총 3,950번이 등장한 것으로 집게 되었다. 만약 놀러가서 찍은 단체 사진이 나왔다면 당신은 누구를 가장 먼저 찾아볼까?

만약 남에게 보여주는 모습을 보고 친구를 사귄다면 진실한 친구는 없을 것이다. 친구, 진정한 친구는 이런 방법으로 사귀는 것이 아니다. 프랑스의 나폴레옹은 이 방법을 사용해보았는데 그와 절친한 친구가 마지막으로 만났을 때 나폴레옹이 말했다.

"친구여, 나는 역사 이래 가장 운이 좋은 사람이오. 그러나 지금 이 시간 그대가 세상에서 유일하게 내가 의지하는 사람이라오."

그러나 역사학자들은 나폴레옹이 그녀를 진심으로 믿고 의지했는지에 회의적이다. 『재미있는 의식과 학문』이란 책의 내용 가운데 이런 말이 있다.

"다른 사람의 흥미를 끌지 못하는 사람은 일생을 힘들게 보낼 것이다. 다른 사람에게 받은 상처 또한 클 것이다. 그래서 나약해져 버린 사람들이 더 실패하는 것이다.”

뉴욕대학에서 단편소설에 관한 강의를 했다. 수업은 한 잡지의 편집장이 진행했는데 그는 매일 그의 책상에 수십 편의 소설이 놓여있지만 앞의 몇 단락만 읽어보면 그 소설이 인기를 끌지를 알 수 있다고 했다.

“간단합니다. 만약 그 소설을 쓴 작가가 다른 사람을 바라보는 시각이 부정적이라면 다른 사람들 역시 그가 쓴 소설을 싫어합니다.”

편집장이 수업을 진행할 때 딱 두 번 멈춘 적이 있는데 그중 한 번이 바로 다음의 일이다.

“지금부터 여러분께 하려는 말은 아마 목사님의 설교처럼 들릴지도 모르겠습니다. 그러나 정말 여러분이 소설가가 되고자 한다면, 다른 사람에게 진심으로 관심을 가지길 바랍니다.”

소설을 쓸 때도 이러한대 사람을 대함에는 더 말할 것도 없다.

카네기는 노인이 되어 무대 위에 오른 A를 분장실에서 만났다. A는 유명한 마술사이다. 그는 마술사들조차 인정한 마술사로 40년 동안 세계 각지를 돌아다니며 셀 수 없이 많은 환상을 창조해냈고 관중들에게 환상 속의 놀라움을 주었다. 6,000만이 넘는 사람들이 그의 공연을 보기 위해 표를 샀고 그 덕에 200만 달러를 넘게 벌어들였다. 카네기가 A에게 성공한 비결을 물었다. 그는 정규 교육을 받은 적이 없었다. 어렸을 적부터 집을 나와 떠돌이 생활을 하며 전전했고 남의 집 문 앞에서 걸식을 하거나 창고에서 자야 했다. 따라서 그의 교육은 차안에서 스쳐가는 간판을 보고 겨우 글자를 익힌 게 전부였다. 그렇다면 그가 마술에 풍부한 지식을 가지고 있었던 것일까? 그것도 아니었다. A는 마술에 관련된 서적은 이미 몇 백 권에 달하기 때문에 자기가 읽은 책은 이미 남들도 읽은 것이었다.

그러나 그는 다른 사람이 가지고 있지 않은 두 가지가 있다고 했다. 하나는 무대 위에서 자기의 개성을 충분히 표현하는 것이다. 그는 연출의 대가이다. 사람들이 보편적으로 가진 천성을 이해하고 그의 말 한마디 손짓하나, 눈썹의 움직임 하나까지 그가 하는 모든 것은 먼저 사전에 꼼꼼히 연습했던 것이다. 철저하게 연습했기 때문에 조금의 오차도 없었다. 또 다른 하나는 다른 사람들에게 진심으로 관심이 있었다. 수많은 마술사들이 관중을 보면서 무대 아래 관중들을 바보라고 생각했다. 바보기 때문에 자기의 마술에 쉽게 속아버린다고 생각한다. 그러나 A는 생각하는 방식이 완전히 달랐다. 그는 카네기에게 말하길 매번 무대에 오를 때 마다 자기에게 하는 말이 있다고 했다.

"수많은 사람들이 내 공연을 보러 오고 그 덕분에 나는 편안한 생활

을 하고 있다. 나는 무척 감사하고 있다. 그렇기 때문에 관중들을 위해 더 좋은 마술을 고민해보고 더 나은 공연을 보여주어야 한다. 무대 위에 오를 때 나는 내 관중들을 사랑한다! 나는 내 관중들을 사랑한다!"

우습고 황당해 보일지도 모르지만 실제로 A씨의 마술은 그의 이런 생각 때문에 완벽해진 것이다. 자신의 성공 비결이 타인에 대한 관심이었던 것이다. 상대방이 무엇을 좋아하고 어떤 말을 하면 기뻐할 지를 파악하는 것이 바로 성공할 수 있는 비결이다.

mentoring
당신의 관심을 상대에게 표현해야 한다. 모든 인간관계를 쌓는데 있어 진심 어린 관심은 필수적이며 그 효과는 대단하다.

남의 장점을
배워라

처세에 있어서 다른 사람의 장점을 배우는 것은 매우 중요하다. 소크라테스는 항상 제자들에게 "내가 유일하게 아는 한 가지가 바로 내가 모르는 것이다."라고 말했다. 우리가 소크라테스처럼 위대하지는 않기에 처음부터 자신에게 겸손할 수 없었지만 지금부터라도 충분히 가능하다. 다른 사람이 잘못한 부분을 지적하거나 자기가 가진 생각을 남에게 억지로 강요해서는 안 된다. 왜냐하면 자신의 생각이 완전히 옳은 것은 아니기 때문이다.

만약 누군가 말을 잘못했다면 아니 더 정확히 말하면, 누군가 말을 잘못했다고 당신이 생각한다면 이렇게 말하는 것이 좋다.

"아! 가만, 나는 다른 생각이 있는데 그게 맞는지는 모르겠다. 만약 내 생각이 틀리면 가르쳐 주겠니?"

더 효과적인 대답을 원한다면 이렇게 말할 수 있다.

"아마 내가 틀리겠지만 함께 이 문제에 대해 생각해 보자."

세상에서 이렇게 말하는 사람에게 강하게 '아니'라며 부정할 수는 없을 것이다.

몬타나주의 도이치 자동차 대리점을 운영하는 A씨는 자동차 시장의 경쟁이 심각해져 큰 어려움을 겪고 있었다. 게다가 고객들이 여러 가지 소송을 걸었는데, 그는 고객들에게 항상 냉담한 모습을 보였고, 사람들은 그 모습에 더욱 화가 났다. 시간이 갈수록 상황이 좋아지기는커녕 더 심각해져서 사업에 큰 차질이 빚어졌다.

"나중에서야 그런 태도가 아무런 도움이 되지 않는다는 사실을 알게 되었습니다. 그래서 고객들에게 사과했지요. '우리 회사의 잘못이 많습니다.', '정말 죄송합니다.', '무슨 불편을 겪으셨는지 말씀해주세요.', '고객님의 의견을 충분히 생각해보겠습니다.' 라고 말했습니다. 제 바뀐 태도가 손님들의 반감을 누그러지게 했습니다. 고객들은 반감이 없어지고 나서는 한결 가벼운 마음으로 이야기를 했습니다. 소송에 대한 이야기도 쉽게 풀렸고 대부분의 고객이 바뀐 저의 태도에 오히려 감사해 하며 그 중 둘 셋은 차를 사려는 친구들을 더 데려 오기도 했습니다. 요즘같이 경쟁이 극심한 시장에서는 이런 손님은 반드시 필요합니다. 그리고 이제야 말이지만 저는 고객의 의견을 존중하고 세심하게 신경을 쓰며 예의를 갖추어야 경쟁에서 이길 수 있다는 사실을 깨달았습니다."

자신의 잘못을 인정했을 때는 문제가 생기지 않는다. 이렇게 논쟁을 불식시키면 상대가 당신처럼 관대하게 마음을 갖게 하면 오히려 상대가 잘못을 빌 것이다. 어느 유명한 심리학자는 그의 저서에서 다른 사람의 생각을 이해하면 자신이 잃는 것보다 얻는 것이 더 크다고 했다. 어쩌면 다른 사람의 생각을 굳이 알 필요가 있을

까라는 생각이 들지 모르겠다. 그러나 일반적으로 우리가 다른 사람 말을 듣고 나서 가장 먼저 보이는 반응이 바로 이해가 아니라 부정적인 비판이나 평가라 할 수 있다. 매번 자신의 감정이나 생각을 말할 때 우리는 일반적으로 '이것은 옳다, 저것은 틀리다.', '이상하다.', '말도 안 된다.', '틀렸다.' 라는 식의 부정적인 반응을 보인다. 말하는 사람이 가진 진정한 의도를 파악하려 들지는 않고 무조건 자신의 판단에서 시비를 가리려 한다.

페이 씨는 어느 날 실내 장식가에게 거실의 커튼을 바꿔달라고 부탁했다. 그런데 커튼을 달고 난 뒤 청구서를 보니 커튼의 가격이 너무 비쌌다. 며칠 뒤 한 친구가 집에 놀러와 커튼을 보더니 가격을 물었다. 페이 씨가 얼마나 들었는지 말해주자 친구는 매우 놀랐다.

"뭐라고? 놀랍다, 거짓말하는 거지?"

라며 과장된 태도를 보였다. 페이는 그녀의 말처럼 커튼의 가격이 비싸다고 생각했지만 친구의 말에 동의하지 않고 그는 싼 게 비지떡이라는 식으로 변명을 하며 자기위안을 삼았다. 이튿날 또 다른 친구가 놀러왔다. 그 친구 또한 커튼을 보며 감탄했다. 이런 예쁜 커튼을 어디서 구했냐고 물어보자 페이 씨가 대답해주었더니 그의 반응은 전날 왔던 친구와 달랐다.

"정말 잘 샀다. 비싸더라도 값어치가 있네."

"아! 실은 가격이 너무 비싸서 나도 어렵게 샀는데 커튼을 달기 전에 가격을 물어보지 않았던 것은 후회되는걸."

당신이 잘못했을 때 당신은 어쩌면 스스로 자신의 잘못을 인정하는 타입일지도 모른다. 만약 상대방의 태도가 부드럽다면 그에게 솔직하게 자신의 잘못을 인정하기가 쉬울 것이다. 그러나 의도적으로 난처하게 몰아붙인다면 당신의 반응은 또 다를 것이다. 페이 씨는 지금 이 같은 사실을 절실히 느꼈다. 이처럼 상대의 잘못을 직설적으로 들춰내면 아무리 좋은 의도를 가지고 이야기했다고 해도 상대는 받아들일 수 없을 것이다. 심하게는 그에게 당신의 말이 큰 상처로 남을 것이다. 다른 사람에게 자존심에 상처를 준다면 당신은 가장 환영받지 못하는 대화 상대가 될 것이다. 일찍이 마틴 루터 킹에게 그가 평화주의자이면서 흑인 고위 장군이 아닌 백인 공군 장교가 친절을 베푼 것에 대해 누군가 나쁘게 평가했다. 그러나 마틴 루터 킹은 다음과 같이 말했다.

"나는 내가 가진 원칙으로 다른 사람을 판단하지 않는다. 다른 사람들이 가진 원칙으로 그들을 판단할 뿐이다."

mentoring

고객이나 배우자, 경쟁 상대와 싸우면 안 된다. 그들의 잘못을 하나하나 들춰내서 캐묻고 비판해서 상대의 화를 돋우어서는 더욱 안 될 것이다. 만약 싸움을 피할 수 없다면 원활하게 대할 수 있는 기술을 발휘해야 한다. 그렇게 된다면 다른 사람의 의견은 존중하고 자신의 단점을 보충하며 나아가 그들이 가진 장점을 배울 수 있을 것이다.

무엇으로 원하는 것을 얻을 것인가 1. 인성 _ 신용은 최고의 경쟁력이다

성공한 사람은 동업이나 협력해서 일할 때 세심한 인간관계가 필요하다고 한다. 왜냐하면 일이 결국 사람과 사람사이에서 이루어지기 때문이다. 따라서 협력해서 일을 할 때 원활한 인간관계가 반드시 필요하다. 만약 인간관계가 좋지 못하다던 협력이 필요한 일을 제대로 해내기 어려울 것이다.

인류가 수천 년에 걸쳐 발전해오면서 사람과 사람 사이에는 인간관계라는 것이 생겼다. 사회 속에서 조금 더 편안한 생활을 하고 싶다면, 사회 속에서 조금 더 여유를 갖고 싶다면 또 남들보다 인정받고 싶다면 더욱 더 원활한 인간관계를 갖기 위해 노력해야 한다. 인간관계가 좋으면 당신이 하고자 하는 일을 성공할 수 있게 도와줄 것이기 때문이다. 이것은 현재 우리가 당면한 문제이다.

그렇다면 원활한 인간관계란 무엇인가?

우선 사람과 사회와의 관계에 대해 알아야 한다. 생활 속에서 인간관계는 중요할 뿐 아니라 잘 이용한다면 좋은 효과를 볼 수 있다. 지금까지 심리학자와 사회학자들의 연구를 통해 나타난 인간관계의 4가지 중요한 역할을 알아보자.

1. 친화력을 조성한다

현대 사회에서 경제는 급속도로 발달하고 있다. 모든 분야에서

치열한 경쟁이 이루어지고 있기에 한 사람의 능력만으론 성공하기가 쉽지 않다. 반드시 많은 사람이 한 마음 한 뜻으로 노력해야만 성공할 뿐 아니라 그렇게 성공해야 개개인의 인생이 빛날 것이다. 따라서 많은 사람들과 조성하는 친화력이 성공에 있어서 얼마나 중요한지 항상 기억해야 한다.

2. 상호 보완해야 한다

설령 당신이 천재라 해도 전지전능한 신과 같을 수 없다. 니체는 자신의 뛰어남 때문에 결국 홀로 미쳐 죽었다. 따라서 성공하고 싶다면 자신이 가진 지혜에 다른 사람들이 가진 다양한 능력을 서로 보완하여야 한다. 이것이 바로 적재적소에 알맞은 인재를 뽑는 문제이다.

3. 감정을 융합해야 한다

인간은 다른 동물과는 다르다. 인간이 다른 동물에 비해 뛰어난 것은 감정을 교류의 수단으로 삼기 때문이다. 사람은 다른 사람에게 시시각각 자신의 감정을 전달해야 한다. 그런데 성공하기 위해 혼자 애쓰기보다는 뜻이 맞는 친구와 함께 노력하는 것이 낫다. 서로 자신의 경험을 이야기하여 성공하면 함께 즐거움을 누리고 실패하면 서로 격려해주어야 한다. 특히 젊은 사람들은 '정감 있는 리더'가 되어야 일에 있어서 더 많은 효과를 볼 수 있다.

4. 정보를 공유해야 한다

현대는 이미 정보화 사회로 접어든지 오래이다. 따라서 정보를 장악하는 것이 바로 시장을 장악하는 것이고 나아가 성공을 이루는 것이다. 그러나 정보가 막히면 기회를 잡지 못해 나중에는 결국 후회하기 마련이다. 아는 것이 힘이다는 말이 있지 않은가? 요즘처럼 인터넷이 발달하지 않은 시대에 이 말은 단지 열심히 책을 보라는 뜻으로 이해할 수 있다. 그러나 지금은 책을 통해 지식을 얻는 단순하고 일차적인 것만을 의미하는 말은 아니다. 여기에서 다양한 정보를 얻는 좋은 방법은 바로 폭넓게 친구를 사귀는 것이다. 친구들과의 관계를 적절히 유지한다면 훗날 분명 최고의 지위에 오르는 성공을 맛볼 것이다.

원활한 인간관계는 앞에서 설명한 역할뿐 아니라 곤경에 처해 있을 때 벗어나게 한다는 것도 있다. 또한 다른 사람들과 협력해서 하는 일일 경우 더욱 순조롭게 진행되게 한다. 왜냐하면 인간은 감정의 동물이기에 오랫동안 나쁜 감정이 쌓이면 좋지 못하다. 그러나 상대의 감정을 잘 이용하면 큰 도움이 될 수도 있다.

　　리야리는 최근 잘 다니던 공장에서 강제로 퇴직을 당했다. 남편이 다니는 공장도 불경기라 매달 150만 원 정도를 받을 뿐이고, 거기에 그녀의 퇴직금을 더하면 수입은 180만 원이 채 안 된다. 집에는 두 아이가 학교를 다니고 있어 남편의 월급만으로는 아이들의 교육과 생활이 어렵다. 정부는 퇴직자들의 재취업을 돕기 위해 도시 안에 시장을 만들어 그곳에서 장사를 할 수 있게 장려해 주었다. 리야리는 남편과 의논한 끝에 100만 원을 빌리고 돈을 더 모아 시장에서 야채 장사를 시작하였다. 장사를 시작한 첫날 이리저리 분주히 뛰어다니면서 내다 팔 야채를 날랐다. 두 팔 가득 마치 자식을 안은 듯 야채를 안고 나르는 리야리의 마음은 기뻤다. 하루 장사를 끝내고 장부를 셈해보니 15만 원을 넘게 벌어 더욱 기뻤다. 그러나 그녀의 좋은 날은 그리 오래 가지 않았다.

　　정부가 시장의 위치를 도시의 외곽에 지은 탓에 사람들이 이곳에 자주 오지 않았기 때문이다. 시장은 점점 황량해졌고 어떤 날은 단 한 명의 손님도 지나가지 않았다. 이제 장사를 그만두어야겠다는 생각에 야채를 정리하던 리야리는 갑자기 전날 왔던 손님이 그녀에게 배추 열 포기를 주문하며 나중에 찾으러 온다고 말했던 것이 떠올랐다. 시장안의 대부분의 가게가 없어져 물건을 사러 오는 손님은 더욱 더 줄었기에 리야리는 그 한 손님 때문에 가게를 열 수는 없었다.

한편 리야리에게 배추를 사간 손님은 일주일이 지난 뒤 시장을 찾았다. 리야리의 가게가 없어지자 손님은 당황해 하며 주위를 둘러보다가 하는 수 없이 돌아서는데 어디선가 외치는 목소리가 들렸다.

"손님~손님~! 잠시 만요~"

손님이 뒤돌아보니 배추를 팔았던 리야리였다.

"아니, 어떻게 된 거예요?"

리야리는 주머니에서 돈을 꺼내 손님에게 주며 말했다.

"손님, 정말 죄송합니다. 제가 장사를 그만두게 되어서 배추를 드릴 수가 없네요. 이건 지난번에 주신 배추 값인데요. 다른 곳에 가서 사시라고요."

텅 빈 시장을 둘러본 손님은 그제야 어떻게 된 일인지 알아차렸다.

"그런데 여기에서 저를 계속 기다리신 거예요?"

리야리는 천천히 고개를 끄덕였다. 손님은 잠시 생각을 한 뒤 재빨리 연필을 꺼내 종이에 전화번호를 적었다.

"저는 이 근처 공장의 주방장입니다. 장사를 그만두지 마시고 저희 공장으로 매일 야채를 납품해 주세요. 자세한 품목은 전화하면 알려드릴 겁니다."

리야리는 놀랍고 또 기뻤다. 손님이 적어준 전화번호를 손에 꼭 쥐고 고맙다고 말한 뒤 다음날부터 매일 시간을 맞춰 공장으로 야

채를 날랐다. 덕분에 그녀의 생활은 좋아지기 시작했고 리야리는 더욱 기운을 내서 기쁘게 일할 수 있었다.

　리야리는 절망 속에서 희망을 찾았던 것이다. 그녀에게 이런 행운이 생겼던 데는 바로 그녀의 성실함과 신뢰에 있었다. 가게를 그만두고 손님을 잊어버릴 수도 있었다. 혹 기억한다고 해도 미안한 마음을 가질 수 있지만 며칠 동안 시장에 나와서 손님이 다시 오기를 기다리는 것은 쉽지 않은 행동인 것이다.

무엇으로 원하는 것을 얻을 것인가 1. 인성 _ 신용은 최고의 경쟁력이다

지도자가 아랫사람을 칭찬하는 것은 멀리 보고 말하면 목적에 도달하는 수단이 되어야 하지 목적이 되어서는 안 된다. 상사가 많은 사람들 앞에서 한 사람을 칭찬해주는 이유는 그 사람에게 윗사람이 자신을 인정한다고 느끼게 하기 위해서이다. 또한 다른 사람들 앞에서 한 사람을 칭찬하여 다른 사람들에게 본보기로 열심히 노력하여 성과를 올리기 위해서이다. 따라서 많은 사람들 앞에서 한 사람을 칭찬하는 방법은 아랫사람을 다루는 가장 효과적인 방법이다.

그러나 많은 사람 앞에서 한 사람을 칭찬할 때 주의해야 할 점이 있다. 만약 칭찬한 사람이 보여준 성과가 적당하지 않다면 다른 사람들의 불만과 질투심을 불러일으킬 것이다. 또한 칭찬해 주었던 사람에게도 좋지 않은 상황을 만들어주는 셈이 될 뿐 아니라 윗사람으로서의 위신도 떨어지게 된다. 이런 상태가 심각해지면 바로 내부적인 모순이 생기게 될 것이다. 따라서 많은 사람 앞에서 한 사람만 칭찬할 때는 신중해야 한다.

다음에서 주의해야 할 사항을 구체적으로 살펴보자.

1. 한 사람을 칭찬할 때 지도자는 먼저 사람들의 질투심을 염두에 두어야 한다

진시황제가 바로 이 방면에 있어서는 매우 부족한 사람이었다. 진시황제는 한비가 뛰어난 인재라는 소문을 듣고 그를 얻고 싶어 했다. 자신의 대업을 보좌할 만한 인물로 한비를 곁에 두고 싶었다. 그러던 차에 한왕韓王이 한비를 진나라의 사신으로 파견하였다. 사실은 진나라의 포로로 보낸 것이지만 진시황제에게는 한비를 곁에 둘 수 있는 좋은 기회였다. 한비가 진나라에 도착하자 진시황제는 그에게 극진한 예를 갖추어 맞았다.

"이 넓은 세상에 그대와 같은 인재는 없을 것이오."

진시황제의 말을 들은 한비는 입을 열었다.

"폐하……삼가……진실로……감사……하……옵……니……다."

한비는 반나절이 지나서야 한마디를 마쳤다. 그는 얼굴이 붉게 부어올랐고 더 이상은 아무 말도 하지 못했다. 그런 한비를 본 진시황제는 안타까웠다. 이에 이사李斯와 조고趙高 등의 신하들을 불러 말했다.

"한비는 재능이 뛰어나고 학문이 깊은 사람이다. 짐이 일찍이 그가 쓴 책을 보았는데 그 사람 됨됨이가 얼마나 위풍당당한 지 알 수 있었다. 나라를 다스리는 이치와 백성을 거느리는 도리를 모두 알고 있는 사람이었다. 짐이 그의 뛰어난 재능에 상을 내리고자 하는데 경들의 의견은 어떠한가?"

진시황제의 말을 들은 이사와 조고는 한비에게 심한 질투심을 느껐다. 또 그가 등용되어 자신들보다 더 높은 대우를 받을까 두려워졌다. 두 사람은 구덩이를 파서 한비를 생매장 시키지 않은 게 한스러울 지경이었다. 결국 한비는 이들에게 공격을 당하게 되고 한비를 곁에 두고 국정을 돌보고자 했던 진시황제의 희망은 이루어지지 않았다.

아랫사람의 질투심을 제어하라는 말은 질투심을 완전히 끊어버리라는 것이 아니다. 사실 여러 사람 앞에서 단 한 사람만 칭찬하면 질투심이나 부러움이 생기기 마련이다. 그러나 무엇보다 중요한 것은 지도자가 그러한 사람들의 심리를 잘 파악하고 올바르게 이끌 수 있느냐는 것이다. 사람들이 가지는 질투와 부러움을 일을 완성하고 단결하는데 도움이 되도록 해야 한다. 진시황제는 대신들의 질투심을 제어할 능력이 없었기에 결과적으로 한비에게 상을 내리기는커녕 죽음으로 몰아넣은 셈이 된 것이다. 진시황제의 일화는 사람들의 질투심에 대해 깊은 교훈을 주고 있다.

2. 여러 사람 앞에 칭찬할 때는 이유와 근거가 있어야 한다

여러 사람 앞에서 한 사람만 칭찬할 때는 반드시 대중을 설득시켜 그들이 진정으로 탄복하게 해야 한다. 그러기 위해서는 상사가 칭찬하는 말에 충분한 이유와 근거가 있어야 하는데, 근거가 있다는 것은 사실적인 토대가 있어 산처럼 옮길 수 없고, 누구도 함부로 이의를 제기할 수 없다는 말이다. 또한 이유가 있다는 것은 상사의 말에 조리가 있어 충분히 생각해 볼만한 가치가 있다는 말이다. 따라서 근거가 있고 이유가 있는 칭찬이라면 분명 다른 사람에게 본보기가 되고 자극이 될 수 있을 것이다.

다음의 사례를 살펴보자.

맹차장은 직장에서 연말 결산 회의를 가졌는데 그 자리에서 한 사원을 칭찬했다.

"여기 A군은 열심히 연구해서 근래 성과가 많았습니다. 이 친구가 제출한 보고서만 해도 여덟 편에 달합니다. 그러니 다른 분들도 열심히 노력해서 성과를 제출하기 바랍니다……"

그가 말을 마치기도 전에 어느 젊은 부하가 말을 끼어들었다.

"차장님, 개인의 능력이 보고서만 가지고 판단할 것은 아닙니다. 또한 몇 편의 보고서를 작성했는가로 결정할 문제는 더 더욱 아니라고 생각합니다. 그분이 제출한 보고서가 아무리 많아도 수준이 형편없다면 아마 보고서를 많이 제출한다는 것은 단지 쓰레기가 많아지는 것에 불과합니다. 반면 어떤 사람은 평생에 걸쳐 단 한편의 보고서를 작성했지만 업계의 대단한 반향을 일으켰습니다. 이렇게 본다면, 보고서의 숫자가 개인의 능력과 무슨 관계가 있다고 생각하십니까?"

맹차장은 갑자기 벙어리가 된 것처럼 말문이 막혀버렸다. 할 수 없이 몇 마디로 변명을 해보았지만 결과는 누가 보더라도 아무 소용이 없었다. 맹차장이 이렇게 난처한 일을 당한 것은 그의 말에 근거가 없어서가 아니다. 근거는 있지만 그 이유가 부족했던 것이다. 그의 칭찬은 확고하지 않고 생각해볼 가치가 없는 것이다. 따라서 다른 사람들의 기분이 나빴던 것이다.

3. 칭찬할 때는 진심을 담아서 하라

어떤 상사는 사람들 앞에서 한 명을 칭찬할 때 그 사람을 위해서가 아니라 자기의 위신을 세우기 위해서 한다. 그러나 진심이 담기지 않은 칭찬은 받는 사람이나 듣는 사람 모두에게 아무런 느낌이 없게 된다. 따라서 상사가 부하를 칭찬할 때는 먼저 자신의 진심을 충분히 담아서 표현해야 한다.

무엇으로 원하는 것을 얻을 것인가 1. 인성 _ 신용은 최고의 경쟁력이다

자신의 목표에 도달하기 위해 홀로 노력한다고 해서 전부 이룰 수 있는 것이 아니다. 모든 일에는 개인의 역량만으로는 완벽하게 처리하기 힘들기에 우리는 다른 사람의 힘을 빌려야 한다. 왜 그럴까? 인생을 살아가다 보면 누구나 고난과 역경을 겪게 된다. 어쩌면 행복한 날보다 불행하다고 느끼는 날들이 더 많을 수도 있을 것이다.

이런 문제는 대부분 자신이 혼자라는 생각을 갖고 있기 때문에 생기는 것이며, 이 때문에 삶이 더욱 고독하고 외롭게 느껴지는 것이다. 그러나 당신이 기대고 의지할 만한 대상이나 사물을 찾는다면, 거기에 당신의 값진 노력이 더해진다면 이런 문제는 금방 해결될 것이다. 또 생각하지 못한 좋은 결과를 가져올 것이다.

우리는 저마다 자기가 기대고 쉴만한 든든한 나무를 찾고자 한다. 그 과정에서 다른 사람과 다투게 될 수도 있고 자기를 절망시키는 상황이 만들어질지도 모른다. 만약 태어날 때부터 천재인데다 부지런히 노력하는 사람이라면 굳이 다른 사람에게 기대서 이런 저런 도움을 받을 필요는 없을 것이다. 그저 자기가 가진 뛰어난 능력과 노력으로 충분히 성공할 수 있을 것이다. 물론 이런 상황은 가장 이상적이라 할 수 있다. 그러나 천재인데다 열심히 노력하는 사람은 극히 드물다. 만약 천재가 아니고 스스로가 뛰어나다고 생각하지 않으면, 더 이상 좌절을 겪고 싶지 않다면, 그렇다면 우리는 기댈 나무를 찾아야 할 것이다.

정치가와 연예인들이 바로 그 대표적인 예이다. 국회위원 선거에 나간다면 후보자, 개인이 홀로 뛰어다니며 유세를 한다고 선거에서 승리할 수 있을까? 또한 연예인이 혼자의 힘으로 분장을 하고 의상을 선택하며 수많은 캐스팅 제의 속에서 선택할 수 있을까? 이론상으로는 가능한 일이지만 쉽지 않은 일이며, 효과적이지도 못하기에 다른 사람의 도움이 필요한 것이다. 마치 따가운 햇살에 서늘한 그늘을 만들어주는 나무처럼 말이다.

그러나 쉴 수 있는 나무를 찾는 일이 짧은 시간에 이루어지는 것이 아니다. 당신이 마음에 드는 사람을 찾았다고 해도 상대 역시 당신에게 관심을 가지고 기댈 수 있게 해주는 지는 확실하지 않다. 그러나 더 큰 문제는 마음에 드는 상대가 정말 믿을만한 사람인지를 알아야 하는 것이다. 상대가 믿을 만하고 의지할 만한 사람인지를 알아보기 위해 함께 일을 해보아야 한다.

어떤 사람이 당신이 기댈만한 사람인지 크게 세 가지로 나누어 살펴보자.

1. 좋은 배경을 가진 사람

돈이 많거나 권력과 지위가 높은 사람을 말한다. 흔히 자기가 열심히 일하지 않아도 집안 대대로 이어진 풍요로움 때문에 쉽게 남을 도울 수 있는 능력이 있는 사람이다. 당신은 이런 좋은 배경을 가진 사람에게 기댈 수 있지만, 무엇보다 그런 사람에게 당신의 존재가 알려지고 인상에 남아야 할 것이다. 당신이 기대고 싶어도 상대가 받아들이지 않는다면 아무런 소용이 없기 때문이다. 때로는 이런 사람들을 알고 지내는 것만으로도 도움이 되겠지만 보다 구체적이고 큰 도움을 바란다면 그들의 기호와 취미에 대해 잘 파악해 두어야 한다.

그러나 좋은 배경을 가진 사람이 품행이 올바르지 못하고 능력이 없는 자라면 오히려 멀리 하는 것이 좋다. 그런 사람은 자신이 가진 좋은 배경으로 먼 미래를 함께 할 수 없기 때문에 기대고 의지할 만한 사람이 될 수 없다.

2. 성공해서 명성이 있는 사람

이런 사람은 앞에서 이야기한 좋은 배경을 가진 사람과 비슷하다. 당신이 이들에게 무언가 인상을 남기지 않는다면, 예를 들면 당신이 가진 장점이나 뛰어난 면을 보여주지 않는다면 절대로 친해질 수 없다.

3. 능력이 있고 성공가능성이 보이는 사람

능력이 있고 성공할 가능성이 충분히 보이는 사람이야말로 당신과 함께 하기 가장 좋은 사람이다. 지금은 성공하지 못했고, 자신의 능력을 충분히 발휘하지 못하고 있지만 멀리 보면 좋은 결과를 기대할 수 있기 때문이다.

물론 능력이 있고 성공할 가능성이 보이는 사람이 훗날 꼭 성공하는 것은 아니다. 성공의 기회를 잡는 것이 쉬운 일은 아니고 개인의 노력이 더해지지 않으면 더욱 힘들기 때문이다.

mentoring

오늘부터 편히 기대고 의지할 만한 사람을 찾아보자. 그러나 이해관겨에 놓인 사람을 선택하지 말고 인정으로 가까이 할 수 있는 사람을 선택해야 할 것이다. 그래야만 오랫동안 관계를 유지할 수 있기 때문이다.

무엇으로 원하는 것을 얻을 것인가 1. 인성 _ 신용은 최고의 경쟁력이다

열등감을 가진 사람은 항상 도전적으로 해야 할 일도 무기력하게 한다. 그들은 '어휴, 내 능력이 모자라는구나!' 라고 하며 시종일관 열등감에 구속되어 벗어나지 못한다. 이렇게 열등감을 가진 사람은 자기의 이상을 달성할 수 없다. 따라서 큰일을 이루고자 한다면 먼저 열등감에 벗어나야 한다.

"천하에 자기를 낮추어 보지 않는 사람이 없다. 성인과 현자, 돈 많은 부호와 왕실의 귀족, 혹은 가난한 농민과 청렴한 선비, 장사치와 심부름꾼을 막론하고 누구나 어려서부터 잠재적으로 열등감으로 가득 차 있다."

그러나 만약 큰일을 이루고 싶다면, 열등감과 싸워 이겨야 한다는 사실을 반드시 기억해야 한다.

그렇다면 열등감이 생기는 원인은 무엇일까? 그것은 대체적으로 다음 두 가지로 나누어 생각해 볼 수 있다. 하나는 어려서부터 자신이 변변치 못하다는 생각을 가졌기 때문이고, 다른 하나는 현재 사회가 개인에게 지나치게 완벽을 추구하는 경향을 보이기 때문이다. 사회적 기준과 평가가 높기 때문에 우리는 많은 사람들에게 부끄러움보다 더 심한 열등감을 느끼게 하는 것이다.

이밖에 열등감이 생기는 원인을 생각해 보면, 어린 시절 집안 사정이 좋지 않아 충분한 교육을 받지 못했거나 혹은 성장 과정에서 억압을 받아 심신이 확 펴지지 않았거나, 어리석어서 심신이 개발되지 못하여 자신감을 키울 조건과 기회가 매우 적었기 때문으로 보인다. 또한 훗날 인생을 살아가며 부딪치게 되는 좌절과 실패의 충격이 크면 무슨 일이든 자신은 해결할 수 없다고 느끼며 자기의 역량을 의심하게 되므로 열등감이 생기는 것이다.

열등감의 특징은 자기가 남보다 못하고 뒤떨어진다고 느껴 자기의 역량과 능력을 가볍게 보고 의심하는 것인데, 이것은 바로 큰일을 하는 사람이 제일 피해야 하는 일이다. 그렇다면 큰일을 이루는 과정에서 어떻게 해야 열등감속에 사로잡히지 않을 수 있을까?

자기비하는 부정적인 심리상태로 나이가 많거나 적거나 모두 가지고 있다. 그러나 때로 가벼운 열등감은 쉽게 다룰 수 있는 문제이다. 즉, 적당한 열등감은 겸손하고 교만하지 않으며 조급하지 않는 성격으로, 그래서 진취적으로 일을 처리할 수 있는 원동력으로 전환될 수 있는 것이다. 그러나 이러한 경지에 이르는 사람은 많지 않다. 또한 열등감을 지닌 사람 중 대다수는 남에게 기대기만 한 채 홀로 설 줄을 모르며 무위도식한다. 열등감이 심한 사람일수록 더욱 그러하다.

열등감이 심한 사람은 대체로 다음과 같이 두 가지 유형으로 나눌 수 있다.

1. 닥치는 일마다 자신의 운명이라고 생각하며 일찌감치 단념
   한다.

이런 사람은 열등감을 현실화하여 자신이 분명 남보다 못하다고 인정하고 자기가 무능력하다고 당연시 한다. 이런 부정적인 태도를 지닌 사람은 노력과 분투를 하지 않고 쉽게 포기한다. 단지 운명의 지배에 맡기며 자신과 남을 속임으로써 실패한 뒤 핑계나 변명으로 삼는다. 우리 주위에서 이러한 패배자는 적지 않다.

2. 강한 열등감이 있지만 더욱 분발해서 극복하는 것이다.

먼저 자신이 가진 열등감을 인정하면 결코 이런 부정적인 감정 때문에 자신의 전부를 조종당해서는 안 된다는 생각도 할 수 있다. 그러나 반대로 열등감을 느끼고 비관적으로 생각하여 의기소침하고 아무 포부도 없이 일생을 보내는 것은 곧 열등감이 가진 약점이 큰 힘을 발휘하여 스스로 개척해야 할 운명과 일생토록 싸워서 승리할 수 없게 한다. 일단 작더라도 성공한 경험이 있다면 이런 열등감을 몰아내고, 넘어서서 서서히 자신감이 생길 것이다. 이러한 태도를 지닌 사람은 원래 자기 비하가 심했다 해도 나중에는 분명히 성공할 것이고, 더불어 밝은 미래를 맛볼 수 있을 것이다.

보다시피 두 번째가 바로 최상의 선택이다. 이는 열등감에서 자

신감으로, 실패에서 성공으로, 지극히 심각한 상황에서 좋은 상황으로 발전할 수 있는 길이 되는 것이다. 이 길은 누구나 다 갈 수 있으며 스스로를 믿고, 자신을 변화시키고자 마음먹는다면 반드시 성공대로를 달릴 수 있을 것이다.

세상에서 성공한 인물들이 걸어온 길은 바로 이 열등감을 초월한 길이다. 사실상 열등감을 초월해 삶의 원동력으로 변화시켜 성공에 이르게 하는 것은 서로 관련이 있고 상호의존적이다. 그 예를 보면, 세계의 유명한 인물들은 하나같이 이와 같다는 것을 알 수 있다.

프랑스의 위대한 계몽 사상가이자 문학가인 루소는 일찍이 고아가 되어, 어릴 때부터 길거리에 떠돌아다니며 심한 열등감에 빠졌다.

또한 존재주의의 대가이자 작가인 사르트르는 2세 때 부친을 잃고 왼쪽 눈은 사시였다가 나중에 완전히 실명되었다. 아버지의 사랑과 신체의 한 부분을 잃은 것이 그에게 심한 열등감을 가져다주었다.

프랑스의 첫 번째 황제이자 정치가이며 군인인 나폴레옹은 젊은 시절 자신의 왜소한 키와 가난한 집안 때문에 열등감에 빠졌다.

미국의 영웅과 다름없는 링컨 대통령은 농가에서 태어나 9세에 모친을 잃고 정규 교육을 1년 밖에 받지 못하고 농사일을 거들어야만 해서 자신의 신세 때문에 심각한 열등감에 빠졌다.

일본의 유명한 기업가인 마쓰시타 고노스케는 4세 때 집안이 망하고 9세에 학업을 그만두고 생업에 뛰어들어야만 했으며 11세에 부친을 잃었으나 열등감은 줄곧 그가 분발해 나가는 원동력이었다.

노벨 화학상을 받은 프랑스의 과학자 빅토르 그리냐르는 다른 종류의 열등감으로부터 성공으로 향한 사람이다. 그리냐르는 부유한 집안에서 태어나 어려서부터 빈둥거리기만 하고 남들을 우습게 여기는 방탕한 도련님으로 자랐다. 언제 어디서나 자신의 준수한 외모를 믿고 돈을 물쓰듯하며 제멋대로 여자들과 놀아났다. 그렇게 줄곧 자신만만하던 그리냐르에게 충격적인 일이 벌어졌다. 어느 날 저녁 파티에서 그는 파리 출신의 미모의 여인에게 마음을 빼앗겨 다른 여인들을 만났을 때처럼 쫓아다녔지만 그녀에게 냉랭한 답변을 들었던 것이다.

"……제발 떨어져 주세요. 저는 바람둥이의 눈길을 받는 것이 정말 싫습니다!"

그녀의 냉담함과 비웃음 때문에 그는 난생처음 사람들 앞에서 망신을 당했다. 돌연히 그는 자신이 그토록 보잘것없으며 남들에게 멸시 당한다는 사실을 깨닫고 열등감이 절로 일어나 쥐구멍에라도 들어가고 싶었다. 그는 부끄럽고 창피한 마음에 집을 떠나 혈혈단신으로 리옹으로 가서 이름을 숨기고 학문에 정진해 리옹대학에 편입했다. 일체의 사교활동을 끊고 하루 종일 도서관과 실험실에만 틀어박혀 지냈다. 이렇게 깊이 연구하여 유기화학에서 권위 있는 필립 바르비에의 신임을 받았다. 유명한 스승의 훌륭한 가르침과 자기 자신의 노력 가운데 '그리냐르 시약'을 발명하여 200여 편의 학술논문을 발표하고 1912년 스웨덴 황실 과학원이 수여하는 노벨상을 받았다. 열등감의 시달림을 받는 여러분은 위에서 예로 든 걸출한 인물들을 생각하라. 이 같은 예는 이 외에도 많은데, 열등감을 초월한다면 성공의 밑천이 될 것이다.

단지 태도를 바꾸기만 하면 열등감은 분발할 수 있는 원동력이 될 수 있고, 그것이 우리를 성공으로 나아갈 수 있게 할 것이다. 열등감과 싸워 이기는 것은 사실 자신감을 잃은 자아와의 싸움에서 이기는 것이다. 자신감을 잃어버리는 것은 일반적으로 두 가지 상황으로 나누어 생각해 볼 수 있다. 하나는 앞에서 말한 일시적인 자신감의 상실이며, 또 하나는 바로 어릴 때부터 자라난 고질적인 열등감이다.

그러나 만약 이런 열등감을 극복하지 못하면 당신도 모르는 사이에 인생은 그늘에 덮일 것이다. 열등감은 극복할 수 있는 것이므로 꾸준히 노력해야 한다. 세상을 보면 많은 성공한 사람들은 모두 자기의 열등감을 극복하고 성공으로 나아갔다. 그들이 할 수 있으면 당신도 할 수 있다.

우리는 '열등감'의 정의를 다음과 같이 내릴 수 있다.

1. 스스로의 성공을 방해하는 심리 장애이다.
2. 열등감은 보이지 않는 적이다. 당신은 그것과 싸워 이길 대책을 강구해야만 하며, 그렇지 못하면 그것이 만든 위기와 자신감 상실, 과장된 자아의식, 불안, 공포에 이르기까지 각종 문제점이 발생하여 당신에게 불필요한 괴로움을 가져다 줄 것이다.
3. 자신감과 열등감은 두 가지 서로 다른 심리 호르몬이다.

그렇다면 어떻게 해야 자신의 자신감이 확고한지를 알 수 있을까? 당신이 다음 질문을 마치면 결과로 바로 알 수 있을 것이다.

1. 본인의 실수를 남에게 전가하는가, 그렇지 않은가?
2. 가정이나 일터에서 자주 화를 내는가, 그렇지 않은가?
3. 사람들 앞에서 다른 사람의 의견에 개입하는가, 심지어 위축되는가 그렇지 않은가?
4. 항상 화려했던 과거를 회상하는가, 그렇지 않은가?
5. 낯선 사람과 만날 때 수줍어하는가, 그렇지 않은가?
6. 처음 하는 일에 대해 두려움을 느끼는가, 그렇지 않은가?

7. 일을 실패할까봐 두려워하는가, 그렇지 않은가?

8. 상사와 이야기를 나눌 때 어색하고 불안한가, 그렇지 않은가?

이상의 답 가운데 하나라도 '그렇다' 라는 대답이 나온다면, 당신의 자신감에 노란불이 켜졌음을 나타낸다. 당신은 즉각 자신을 대신해 더욱 강한 자신감을 강구해야만 한다. 이때 다음에 제시하는 방법을 이용하여 기술을 길러야 한다.

1. 열등감을 정확하게 인식하고 그것이 어떤 이익을 주며 어떤 폐해가 있는지 파악한 뒤 열등감을 극복시키는 자신감을 갖도록 노력한다. 어떤 사람은 열등감을 마치 백해무익한 불치병으로 보고 있다. 열등감 때문에 괴로워하고 갈등하는 사람은 앞날이 불리한 뿐 아니라 열등감만 더할 뿐이다. 사실 오만방자한 사람과 비교하면 열등감을 지닌 사람이 남들에게 더 사랑받는다. 왜냐하면 열등감을 지닌 사람은 매우 겸손하며 남들을 잘 이해해서 다른 사람과 잘 지내고, 일을 할 때 조심스럽고 신중하다고 생각하기 때문이다. 따라서 만약 조금이라도 열등감을 가지고 있다면 이러한 유리함을 충분히 이용해도 될 것이다. 나아가 생활에 용기와 자신감을 더하면 보다 효과적일 것이다. 또 만약 이러한 심리적 장애를 극복했다

면 미래는 더욱 밝아질 것이다.

2. 자신을 정확하게 평가하라. 객관적으로 자신의 단점뿐만 아니라 장점도 보아야 한다. 자신이 남들보다 못한 점도 보아야 하고, 남들보다 뛰어난 점도 보아야 한다. 옛말에 "나은 사람보다는 못하고, 못한 사람보다는 좀 낫다."라고 했다. 사람은 누구나 부족한 점이 있기에 부족한 부분을 극복할 방법을 생각할 수만 있다면 되는 것이다. 이렇게 자신감을 키우고, 부담감을 덜면 원하는 미래를 향해 가벼운 마음으로 전진할 수 있다.

3. 자신을 정확하게 드러내라. 열등감을 지닌 사람이라도 스스로 할 만한 역량이 되고, 일을 파악하는데 문제가 없다면 전력을 다해 성공을 쟁취할 수 있다. 아주 작은 일이라도 끝내고 나면 즉시 마음속으로 자신을 격려한다.
"다른 사람들이 할 수 있는 일은 나도 할 수 있다!"
스스로가 자신감이 부족하다고 여길 때, '어떤 희생을 치르고서라고 실행할 수 있다.'는 자기 암시를 해본다면 스트레스가 적어질 것이다. 오히려 자기의 잠재력을 충분히 발휘하여 성공하도록 할 것이다.

4. 자신에게 정확히 보상하라. 열등감을 극복하기 위해 두 가지 직접적인 보완 절차를 밟는다.

하나는 근면함으로 결점을 보완하는 것이다. 자신이 어떤 부분에서는 다른 사람을 능가하지 못하다고 생각하면, 그 사실에 스트레스를 받을 것이 아니라 끈기를 가지고 노력해야 할 것이다. 둘째는 장점을 키우고 단점을 피한다. 일반 사람에 비해 장애인들은 비록 신체상 결함이 크고, 자유로운 활동과 많은 사람들과의 활발한 교류가 불가능하다. 장애인들은 발전 가능한 공간에 한계가 있지만 뜻이 있는 자가 결국 성공하는 것처럼 반신불수인 장애인의 성공은 분명히 존재한다.

5. 분명하게 좌절에 대처해야 한다. 인생을 살아가면서 좌절을 당하고 실망을 하는 것은 누구나가 피할 수 없는 일이다. 그러나 이것을 어떻게 받아들이는 지는 서로 다르다. 성격이 외향적인 사람은 어려운 일이 있어도 곧 극복하려고 노력해 쉽게 잊지만, 내성적인 사람은 좌절과 절망 속에 쉽게 빠져 버린다. 따라서 긍정적인 사고를 가져야 한다. 모든 일에 지나치게 높은 기대를 하지 말고 현재 얻은 것에 만족할 줄 알아야 한다. 목표가 지나치게 크면 항상 좌절하기 마련이기 때문이다.

그런데 어째서 정상적이고 건강하며 똑똑해 보이는 사람이 열등 감에 사로잡히는 것일까? 그 해답을 찾기 위해 심리학자의 의견 을 살펴보자. 일찍이 심리학에서 다음과 같이 이야기하였다.

"일반적으로 열등감이란 대부분 약 6세 이전의 유아기부터 비롯된 다. 근본적인 원인은 아이에 대한 부모의 태도에서 비롯된다. 가정 의 영향 외에 학교에서 교사와 친구들의 태도가 개인의 심리에 미치 는 영향도 매우 크다. 예를 들어 집이 가난해서 낡은 옷을 입었거나, 부모가 초등교육밖에 받지 못해서 항상 친구들의 놀림을 받았다면, 불합리한 세상에 분개하는 동시에 아울러 열등감은 점점 커질 것이 다. 또한 사회에 나와서는 사람들과 함께 지낼 때 열등감이 생긴다. 예를 들어 당신보다 강한 사람과 함께 지낼 때 언제나 자신이 왜소 하게 느껴지고 안절부절 못하게 하는 것은 이러한 마음의 병을 만들 고 열등감을 깊게 한다. 만약 열등감을 극복할 방법을 찾지 못한다 면 이러한 생각은 항상 당신을 괴롭힐 것이다."

한 세일즈맨이 있었는데 그는 이 일에 종사하기 전에도 항상 열 등감에 괴로워했다. 그는 높은 사람 앞에 설 때마다 안절부절 못하 고, 우물쭈물하며 무슨 말을 해야 할지도 몰랐다. 그러나 나중에는 이러한 곤란함을 극복했다. 그가 처음 판매업을 시작할 때 매우 위축되었다. 상대방이 아무리 친절하게 대해 주어도 항상 사람들 앞에서 자신이 작아지는 것처럼 느꼈던 것이다. 그는 당시의 심정을 다음과 같이 토로하였다.

"그 사람들 앞에서 나 자신이 어린아이처럼 느껴졌습니다. 열등감이 심한 탓에 당시에 내 머리 속은 텅 비었고, 수차례나 미리 연습해 두었던 판매용 멘트도 횡설수설하였습니다. 높은 사람 앞에 앉으면 끊임없이 작아지고, 그들은 무서운 거인으로 변하는 것처럼 느껴졌습니다.

하지만 이런 상황이 계속 되게 할 수는 없었습니다. 왜냐하면 상황을 바꿀 방법을 생각해 내지 못한다면 이 일이 아무런 흥미가 없을 거라는 것을 깨달았기 때문입니다. 게다가 그때 저 스스로 열등감 때문에 점차 무너지려 하고 있었습니다. 그래서 상사와 큰 고객들을 기저귀 찬 어린아이로 간주하고 보면 어떨지 생각해 보았습니다. 이런 생각을 해보니 효과가 예상외로 좋았습니다.

물론 당연히 그들은 진짜 어린아이는 아니었습니다. 단지 나의 눈에만 4~5세의 어린아이들로 보이는 것입니다. 그러나 실상은 정말 바뀌어 마치 오랜 친구처럼 자연스럽게 이야기할 수 있었습니다. 저뿐만 아니라 상대도 마찬가지로 평등한 입장에서 대화를 나누었고 그런 뒤에는 제 마음이 훨씬 자연스럽고 편안해졌습니다. 나중에는 저의 주관이 180도 변하고 열등감을 사라졌습니다."

자신감을
키우는 방법

자신에 대한 충만한 자신감은 성공의 지름길이다. 큰일을 이루고자 하는 젊은이들은 우선 열등감과 싸워 이기고 자신감을 키워서 충실하고 안정되게 생활에 임해야 한다.

자신감을 키우면 자연히 당신이 바라는 새로운 일과 기회가 따라올 것이다. 다음은 자신감을 키우는 데 필수적인 행동지침이다.

자신감을 세운 뒤 먼저 자신의 어디에 열등감이 있는지 살펴보아야 한다. 자신이 어떤 부분에서 열등감이 있는 지 찾아낸 다음 즉시 그 이유로 거슬러 올라가야 한다.

그러면 자신의 개인주의, 위축심리, 걱정과 우려, 남보다 뒤떨어진다는 느낌을 어려서부터 받았거나, 자신과 가족, 동급생, 친구 사이의 마찰로 이런 감정이 생겼음을 깨달을 것이다.

이와 같이 열등감의 원인을 파악했다면 그것은 곧 열등감을 극복하는 첫걸음을 내딛는 것과 같다. 당신이 더 이상 어린아이가 아님을 증명하기 위해 만약 어릴 때의 불쾌한 기억을 마음속에서 지워버릴 수 있다면 이는 앞으로 한발 더 나아갔음을 나타낸다.

열등감을 없애는 동시에 자신의 흥미나 기호, 재능, 특기 전부를 종이에 써보자. 이렇게 하면 당신이 무엇을 가졌는지, 어디에 관심이 있는지를 분명하게 알 수 있을 것이다. 또한 지금까지 해본 일을 일람표로 만들 수 있다. 예를 들어 당신이 글을 쓸 수 있으면 그것을 적고 협상에 뛰어나면 협상에 뛰어나다고 적으면 된다. 또 당신이 워드를 잘 칠 수 있거나, 여러 악기를 연주할 수 있거나, 기계를 고칠 수 있으면 그런 일을 적어서, 자신의 능력을 완전히 이해해야 한다.

세상은 각양각색이며, 일상생활은 한 단계 한 단계의 도전에 부딪히는 것이다. 당신은 집에 숨는 겁쟁이가 되겠는가, 아니면 나가서 부딪혀 보겠는가? 물론 나가서 도전하고 싶다면 자신감을 가지고 계획적으로 부딪히고 생각해 보면 된다. 하나의 일을 마칠 때 진일보한 자신감을 얻을 수 있다. 또한 자신감이 생기면 당신에게 물질적인 보상이 뒤따를 것이며, 다른 사람의 칭찬을 받게 되면 더 나아가 속으로 만족감을 얻을 것이다.

이렇게 긍정적인 면이 많기에 자신감은 반드시 키워야 할 필요가 있다. 자신감을 가지는 것은 성공으로 나아가는 추진력이 되며 더 높이 더 멀리 나아가며 장점을 발휘하여 원하는 것을 얻게 한다. 성공하는 사람은 일할 때 겁내지 않으며, 결정을 내려야 할 때, 비록 이전에 해보지 않은 일이라 해도 상대방에게 깊은 인상을 남기며, 자기의 경력을 일목요연하게 보여준다. 예를 들면 면접을 볼 때 자신의 경력을 공문으로 작성하여 상대방에게 보여주는 것이다. 앞에서 언급한 것 외에도 당신은 자신의 논문이나 상장, 작품 사진 등 자신감을 표현할 수 있는 무언가를 남에게 보여주어 상대방으로 하여금 좋은 첫인상을 남기도록 할 수 있다.

요컨대 가장 주의해야 할 점은 가능한 남들과 다르게 해야 한다는 것이다. 또 더욱 중요한 것은 자신을 충분히 보여야 한다는 사실을 스스로 알아야 한다는 것이다. 이렇게 자신감이 점점 커지면 삶을 참신한 태도로 생활할 수 있다. 모든 부정적인 생각이 다시 반복적으로 떠오르면 심리적으로 문제가 되며 나아가 자신감을 잃고 심각한 심리적 문제가 질환으로 변할 것이다.

심리적으로 어떤 아픔을 겪고 있더라도 영험한 처방이 있으면 치유가 가능하다. 그 처방약은 바로 부정적인 생각을 없애고 적극적인 사고를 키우는 것이다. 완전히 새로운 나를 만들기 위하여 당신 스스로 '심리은행' 속에서 불쾌한 생각을 꺼내지 말아야 한다. 어떤 일을 회상할 때 신경써서 좋은 일만 기억하려고 애쓰고 불쾌했던 일들은 완전히 잊는다. 순간적으로 안 좋은 기억, 슬픈 일들이 떠오르면 바로 생각을 환기시키려고 노력해보자.

우리는 살아가면서 항상 사기를 떨어뜨리는 일을 겪게 된다. 그러나 그때마다 아무런 대비를 하지 못한다면 한 평생을 살아가는 것은 실제로 고문당하는 것과 같을 것이다. 만약 용기를 내서 불쾌한 기억을 없애고 싶으면 '기억은행'에서 나쁜 기억을 꺼내 삭제할 수 있다. 유명한 광고심리학자가 우리의 기억능력에 대해 다음과 같이 말했다.

"광고를 보고 유쾌한 감정이 생기면, 광고는 쉽게 기억된다. 반대로 어떤 광고가 불쾌한 감정을 느끼게 하면 그 광고는 매우 빨리 잊혀진다. 불쾌함과 인간의 희망은 상대적으로 대치된다는 사실을 잊어서는 안 된다."

간단히 말해서 불쾌한 감정은 쉽게 잊혀지므로 스스로 그것을 기억하려고 애쓰지만 않으면 된다는 말이다. 단지 당신의 기억 속에서 꺼낸 적극적인 생각이 다른 생각을 없애면 된다.

mentoring

어떤 문제가 있어도 자신감을 갖고 처리한다면 잘 할 수 있다. 만약 자신이 매우 가치 있는 사람이라고 생각하고 바로 행동으로 옮긴다면 분명히 자신에 대해 자신감을 가지게 될 것이다.

무엇으로 원하는 것을 얻을 것인가 2

상황

이기는 상황을 만들어라

무엇으로 원하는 것을 얻을 것인가 2. 상황 _ 이기는 상황을 만들어라

좋은 상황을 만들어야 하는 이유는 바로 각자 자신의 인생을 펼치기 위해서이다. 성공하려는 사람도 그렇지만 이미 성공을 이룬 사람도 역시 자기수양이 필요하다. 자기 자신이 수양을 쌓아야만 한 걸음 한 걸음씩 인생을 개척해나갈 수 있다.

그렇다면 자기수양은 어떻게 해야 할까? 다음 네 가지 자기수양에 대한 방법을 알아보자.

1. 모험을 즐겨라

성공한 사람은 대개 심리적으로 남들보다 뛰어난 요소를 가지고 있다. 그것은 바로 모험에 용감하게 도전하고 더 나아가 모험을 즐기려 한다는 것이다. 따라서 그들은 눈앞에 최악의 상황이 벌어지더라도 용기를 내서 당당히 앞으로 나아간다.

어느 중소기업이 있었다. 지난 몇 년간 이 중소기업은 미 육군의 방독면을 제작하려 했으나 다른 회사보다도 50배나 큰 규모의 대기업이 해왔다. 중소기업에는 설계하는 직원이 고작 5명이지만 대기업은 몇 백 명이었다.

지난 35년 동안 육군 방독면의 대부분은 이 회사가 도맡아 제조했었기에 이전에는 더더욱 중소기업이 제조할 기회가 없었다. 그러나 중소기업의 사장은 생각이 달랐다. 그는 회사가 육군의 계약을 따낼 것이라고 굳게 믿고 자신의 인맥과 자본 등 모든 기회를 잡아 그곳에 쏟아 부었다. 비록 수많은 노력을 들였지만 중소기업은 계약을 성사시키지 못했다. 그렇지만 대기업 역시 마찬가지였다. 육군에서 예산 문제로 방독면 구입을 내년으로 미루자고 결정했기 때문이다. 덕분에 두 회사는 다시 연구를 시작하여 더 많은 노력과 자본, 자원을 투자하였다. 결국 한 회사가 계약을 따낼 수 있었다. 누가 보아도 대기업이 이길 승산이 컸지만 승자는 중소기업에게 돌아갔다.

사장은 모험을 했고 직원들은 확신이 들지는 않았지만 두 배로 노력했다. 좋은 결과를 얻은 지금은 모든 직원이 사장을 굳게 믿고 있었다. 일년 후에 다시 신청한 계약 체결은 또 맺었고 중소기업은 방독면 하나로 매년 수백만 달러의 수익을 올렸다. 이 회사가 성공할 수 있었던 비결은 바로 두려움 없이 모험에 도전하는 사장을 두었기 때문이다.

사람들은 흔히 고통이 없다면 좋은 결과도 없다고 한다. 다시 말하면 호랑이를 잡기위해서는 호랑이 굴로 들어가야 한다는 것이다. 어떤 일을 하기 전에 가장 최악의 상황은 무엇인가를 고민해보고 그 후에 용감하게 이겨나가야 한다. 아름다운 무지개는 비바람이 몰아친 뒤에야 떠오르기 때문이다.

기억하자. 만일 당신이 용감하게 모험을 하는 사람이라면 반드시 성공할 것이다. 거북이도 앞으로 나가기 위해서는 껍데기 속에 감춰진 목을 길게 빼야 한다. 아직 자신이 성공에 가까이 가지 못했다면 전진할 때 반드시 고개를 올리고 가슴을 활짝 펴며 용기 있게 나아가자.

2. 창조적인 마인드를 가져라

제1차 세계대전 때 38세의 맥아더 장군은 준장이었다. 그는 군막에서 병사들과 함께 생활하며 공격할 때마다 사병들보다 먼저 몸을 움직였다. 하루는 맥아더 장군이 소령에게 말했다.

"소령, 공격 신호가 떨어졌을 때 다른 병사들보다 앞장서서 나가면 용감한 병사에게 주는 훈장을 받을 것이다. 나는 자네가 반드시 그렇게 할 거라고 믿고 있으니 자네는 이미 훈장을 얻은 것이네."

말을 마친 맥아더는 자신의 어깨에 단 훈장을 떼서 소령의 가슴에 달아주었다. 나중에 진짜로 공격 신호가 떨어지면 이 소령은 어떻게 할까? 소령은 훈장을 받지 못한다 해도 맥아더의 훈장을 달고 자랑스럽게 부대 앞에서 진격할 것이다. 실제로 공격 명령이 떨어지자 맥아더의 예상대로 전 부대가 소령을 따라 맹렬히 공격하여 목표를 함락시켰다.

하나의 목표에 도달하는 길은 단 하나가 아니다. 어떤 행동을 취하기 전에 새로운 방법이 있는지 살펴본다면 어쩌면 더욱 빠른 길을 찾을 수 있을 것이다.

3. 자발적인 책임감을 가져라

성공한 사람들의 대부분 비슷한 점은 강한 책임감이다. 만약 사람들을 이끄는 리더가 되고 싶다면 그들에 대한 책임 의식이 있어야 한다. 미국 남북전쟁당시 북군의 율리시스 그랜트 장군은 해군과 육군의 부대를 지휘한 적이 있었다. 그랜트 장군은 공격하기 전에 장군급 회의에 참석하러 부대를 떠났는데 이때 전쟁이 발발하였다. 따라서 작전 계획을 할 수 없었을 뿐더러 중간에 여러 가지 생각하지 못했던 사고와 실수가 생겼다. 북군은 바다 위에서 공격하다 퇴각하게 되었는데 남군이 그랜트의 왼쪽 부대를 공격했다. 북군은 점점더 퇴각하게 되었다. 북군의 왼쪽이 무너질 때 그랜트는 전방으로 나아갔다. 위기의 순간에서 그는 부하들에게 책임을 묻지 않고 지휘도를 뽑아 말을 타고 전방으로 달려 나가며 소리쳤다.

"서둘러 탄약을 장전하라! 적이 달아나려 해도 절대로 놓아주어선 안 된다."

부하들은 그랜트의 명령대로 탄약을 장전하고 그의 지휘아래 열심히 싸웠다. 결국 북군의 사기가 충전하여 전쟁에서 결국 승리할 수 있었다.

책임감이 없는 사람은 절대로 성공할 수 없다. 물론 책임이라는 것은 '내가 당신들의 리더다.' 며 말한다고 되는 것은 아니다. 그랜트 장군처럼 책임감은 반드시 행동으로 보여주어야 하는 것이다.

4. 원대한 목표를 가져라

가슴속에 원대한 목표는 성공한 사람들에게 빠질 수 없는 것이다. 데이비드 존스 장군의 위대한 성과는 일찍이 그가 공군 참모장으로 있을 때 뿐 아니라 연합회의에서도 확연히 나타난다. 사람들은 그에 대해 어떤 생각을 가지고 있을까?

"존스 장군은 작전을 짤 때 지나치게 높은 목표를 잡아 모든 군인들이 그 목표에 부합하도록 했습니다. 존스 장군의 말에 의하면 공군의 전략은 모든 부대가 당장이라도 전투에 나갈 수 있도록 만들었습니다. 어떤 사람들은 근본적으로 불가능하다고 했지만 공군의 전략은 장군의 지휘아래 안전하게 시행되어 종전에 없던 표준을 만들었습니다."

원대한 목표를 세우고 노력한다면 성공할 수 있다. 다음의 즌 스컬리의 이야기를 보자.

존 스컬리는 38세라는 젊은 나이에 펩시콜라 역사상 가장 젊은 CEO가 되었다. 단기간에 엄청난 성과를 올린 그이지만 거기에 만

족하지 않고 애플 컴퓨터로 옮겨 그곳에서도 크나큰 활약을 기대했다. 그러나 애플사로 옮기고 나자 여러 가지 문제가 생겼는데, 그 가운데 가장 심각한 것은 애플사의 창시자 중 한 명인 스티브 잡스와의 마찰이었다. 스컬리는 새로운 전략을 짜야 했고 적극적으로 매킨토시의 판매를 추진했다. 판매량이 날로 증가해 회사는 돈을 벌게 되었다. 그렇다면 그는 어떻게 성공한 것인가? 그는 자서전 『오디세이』에서 분명하게 적고 있다.

"우리는 반드시 표준을 높여야 한다. 나 역시 기대를 높였다. 지난달 우리의 매킨토시 컴퓨터의 판매는 호전되었지만 그렇다고 지금 안심할 시기는 아니다."

만약 당신이 정한 기대치를 높인다면 그로부터 얻는 성취도 더 높아질 것이다. 이로 인해 당신이 큰일을 할 수 있고 반드시 더욱 높은 희망을 가지니 이는 더욱 높은 성공을 이루는 동기가 된다.

mentoring

자신에게 유리한 상황을 만들고 싶다면 한 걸음 한 걸음씩 성공의 문으로 다가서면 가장 이상적인 결과를 얻을 수 있다. 상황을 조성하는 것은 분명 한 사람의 능력으로 가능한 일이다. 따라서 이렇게 한다면 자연히 자신이 가진 종합적인 능력을 시험해볼 수 있을 것이다.

자신의
지명도를
높이는 방법

유리한 상황을 만들기 위한 방법 중 하나는 자신의 이름을 알리는 것이다. 지명도가 높으면 사교가 넓어져 더 많은 친구를 사귈 수 있다. 일반적으로 사람은 명성을 부러워한다. 또 자기가 아는 사람과 정보를 나누며 때로는 정보를 위해 의도적으로 교제를 하기도 한다. 따라서 지명도를 높이는 것은 비교적 많은 사람들이 당신을 알고 있다는 뜻이고, 많은 사람들이 당신과 사귀고 싶어 한다는 것을 의미한다.

"오래 전부터 말씀 많이 들었습니다. 이렇게 만나 뵙게 되어 정말 영광입니다."

누군가를 처음 만났을 때 자주 듣는 말이다. 친구가 많거나 아는 사람이 많으면 성공할 수 있는 길은 그만큼 많다. 도움을 줄 사람이 많다면 경쟁에서 그만큼 유리하기 때문이다. 반대로 아는 사람도 적고 많은 친구를 사귀는 것이 어렵다면 성공의 길은 좁다. 그러나 지명도가 높으면 새로운 정보를 많이 얻을 수 있다. 배움에도 친구가 없으면 그 깊이가 얕고 견문이 좁은 것처럼 말이다. 그러나 친구가 많다면 정보는 날로 새롭다. 곁에 있는 친구 하나하나가 모두 정보의 원천이기 때문이다.

지명도를 높이는 주된 방법은 전체적으로 다양하게 사귀는 것이다. 폭넓게 교제하고 많은 사람들을 만나면서 자신의 생각과 느낌을 말한다면, 사람들에게 모르는 것을 배우게 되고 이미 알고 있던 사실도 더 많이 알 수 있다. 중국의 선진시기에 유세를 통해 성공한 사례는 많다. 이름도 들어보지 못한 수많은 선비들이 유세와 교제를 통해 순식간에 경상대부에 오르고 만인의 존경을 받는 인물이 된다. 『전국책戰國策』에는 이런 인물들을 생동감 있게 적고 있다. 소진蘇秦의 이야기도 그 중 하나이다.

소진은 농부의 아들로 태어나 가난했기에 관리나 귀족들은 그가 어떤 사람인지 알지 못했다. 그러나 진나라가 중원과 여섯 나라에 탐욕을 부리고, 진나라와 다른 나라 사이에 마찰이 있던 상황에서 그는 육국에 힘을 합해(合縱) 진나라에 대항하라고 유세하였다. 그는 먼저 조나라 왕의 신임을 얻어 재상에 봉해졌고 그 후 다섯 나라를 다니며 힘을 합쳐 진나라에 대항할 것을 유세했다. 지명도를 높이는 가장 확실한 방법은 소진의 합종처럼 두드러지는 성과를 올리는 것이다. 뚜렷하게 눈에 보이는 실질적인 성과는 지명도를 높이는 가장 효과적인 무기이다. 처음에는 비록 이름도 없는 사람이지만 여러 사람이 인정할 만한 성과가 있다면 분명 그 대가로 당신의 지명도는 높아질 것이다.

삼국 시대 방통龐統은 유비에게 부탁하였다. 유비는 외모로 사람을 판단하며 방통의 추한 모습을 보고 그가 무능력하다고 생각했

다. 때문에 유비는 방통에게 지방 현령의 미관말직을 줄뿐 중요하게 쓰지 않았다. 그러나 현령에 있으면서 방통은 하루 종일 술만 마실 뿐 정사를 돌보지 않자 유비가 이 소식을 듣고 장비를 보내 알아보게 했다. 장비가 방통에게 가보니 쌓인 공무가 한 더미였다. 장비는 화가 나서 방통에게 말했다.

"우리 형님이 당신을 인재라고 생각하여서 관직을 주셨구만, 당신은 어째서 현령의 임무를 다하지 않는 거요?"

방통은 웃으며 말했다.

"이 작은 마을에 무슨 어려운 공무가 있다 그러시오!"

말을 마친 뒤 바로 부하에게 명령하여 처리할 문서들을 가지고 와서 읽게 했다. 방통은 앉아서 들은 일들을 바로 어떻게 처리할지 말해주었는데 정확하고 명석한 판단에 백 건이 넘는 일들을 순식간에 해치워버렸다. 이때 방통이 손에 쥐고 있던 붓을 바닥에 내던지며 장비에게 말했다.

"아직도 내가 주공이 내리신 현령의 임무를 다하지 못했다고 생각하시오?"

장비는 크게 놀라 곧바로 돌아가 유비에게 말해주었다. 그제야 유비는 방통이 대단한 인물임을 알아보았다. 방통은 실제로 자신

의 능력을 보여주어 지명도를 높였다. 후에 그는 군사중랑장군이
되었다.

감정을
숨겨라

상황을 만드는 데 있어 오묘한 점은 자기의 모습을 감추는 것이다. 한 사람의 마음속에 깊이 숨겨진 진면목을 어떻게 알 수 있을까? 사회생활을 해본 사람이라면 누구라도 정도야 어떻든 간에 상대방의 눈치를 살피는 요령이 생길 것이다. 사람들은 상대방의 비위를 맞춰주면서 자기의 이익을 계산한다.

아마도 당신은 이미 당신도 모르는 사이에 다른 사람의 의식적인 조정을 받고 있는지도 모른다. 만약 적당히 당신의 의사를 표현하지 않으면 까닭도 모른 채 불행한 일을 겪을 수도 있다. 때문에 성공한 사람들은 보통 자신의 감정을 표현하지 않는다. 다른 사람들에게 약점을 들키지 않고 틈을 주지 않기 위해서이다. 권모술수에 능한 사람은 마음 속 깊이 꿰뚫어 본다.

기쁨, 분노, 사랑, 즐거움. 이런 감정은 실제로 인간이 가진 가장 기본적인 정서이다. 세상에 속마음을 꼭꼭 숨기고 드러내지 않는 사람, 또 희로애락의 감정이 없는 사람이 있을까? 만약 있다면 그것은 식물인간일 것이다. 감정이 없는 사람은 어떻게 행동하고 반응할지, 어떤 생각을 가지고 있는지를 알 수 없기에 매우 두려운 존재이다.

이런 사람을 만나면 우리는 어떻게 대해야 할지 모르기에 당황한다. 그러나 사실 감정이 없는 사람은 없다. 그들에게 감정이 없는 게 아니라 표현을 하지 않을 뿐이다. 인간관계에 있어서 이런 감정 표현과 전달은 매우 중요하다. 따라서 감정을 주머니 속에 꼭 담아 두어야지 쉽게 꺼내서 남들에게 보여주어선 안 된다.

오늘날 사회 속에서 자기의 생각과 감정을 쉽게 나타내지 않는 것은 윗사람이 아랫사람을 다룰 때 쓰는 방법 중 하나이다. 권력을 가진 자가 현명하다면 대개는 자신이 어떤 생각을 하고 있고 어떻게 느끼는지 표현하지 않는다. 생각과 감정을 보여주지 않는다면 다른 사람들은 물론이고 아랫사람까지 자기의 세세한 부분을 모르기에 경외심을 가질 것이고 일종의 신비로움까지도 느낄 것이다.

당대唐代의 간신 이림보李林甫는 입으로는 꿀같이 달콤한 말을 하지만 뱃속에는 칼을 품은 듯 교활하고 간사한 자였다. 그는 자기의 의도를 잘 숨겨 부하들을 조종하는 데 뛰어난 재능이 있었다.

한편 당唐 현종玄宗이 안록산安祿山을 총애하자 안록산은 임금에게 충성하는 듯 가장하고 자신이 호탕한 성격인척 했지만 속으로는 반란을 일으킬 생각을 하고 있었다. 임금이 보기에는 충직한 신하였지만 그는 뼈 속 깊이 교활함으로 가득했다. 안록산은 현종임금과 양귀비의 환심을 사 날로 지위가 높아졌고 타고 다니는 가마의 크기도 이전보다 커졌다. 조정 대신들은 임금의 눈밖에 나버렸고 안록산은 현종 앞에서는 순종적인 신하인척 했지만 다른 사람에게는 교만하고 무례하였다. 이림보는 일찍이 이런 상황을 눈치 채고 있었다.

어느 날 안록산이 이림보를 만나러 그의 집에 갔다. 이림보를 본 안록산은 쳐다만 볼뿐 절을 하지 않고 손님자리에 앉았는데 거만하기 그지없었다. 이림보 역시 눈치는 챘지만 별다른 내색을 하지 않았다. 작은 두 눈을 꿈적도 하지 않은 채 그를 바라보며 한 마디도 입을 열지 않았다. 그의 깊은 눈빛과 위풍당당한 모습을 본 안록산은 이림보의 앞에서 갑자기 기가 죽었다.

이때 이림보가 몸을 돌려 하인에게 왕공王珙 대부를 모셔오라고 명령했다. 왕공이 방으로 들어오는데 살며시 종종 걸음으로 다가와 최대한의 예의를 갖추어 이림보에게 공손히 절을 했다. 그의 행동은 마치 조금이라도 틀릴까 두려워하는 듯 굉장히 조심스러웠다. 당시 왕공의 지위는 이림보와 비슷했고 안록산과도 비슷한 위치였다. 그러나 왕공이 이림보를 이토록 극진히 대하는 것을 보고 안록산은 저절로 부끄러워졌다. 비록 지금에 와서 예의를 갖추지는 못했지만 바로 공손히 자세를 가다듬고 큰 숨조차 내쉬지 못했다.

왕공이 나간 뒤 이림보는 비로소 안록산에게 말했다. 그는 안록산의 의도와 심리를 전부 정확하게 파악해서 그에게 말해주었고 안록산은 자신이 숨겨둔 생각을 이림보의 입에서 듣자 몹시 놀랐다. 자기가 마음 속 깊이 숨기고 드러내지 않은 부분을 이림보가 쉽게 꺼낸 것이다. 당황하고 겁이 난 안록산은 온몸에 땀이나 옷이

흠뻑 졌었다. 이때 이림보가 자기가 입고 있던 옷을 벗어주고는 위로의 말을 건넸다.

그 후로 안록산은 수많은 조정대신들을 깔보았지만 이림보만은 무서워했다. 성안에 들어서면 조심스럽게 이림보를 만났고 만날 때마다 이림보는 그의 의중을 꿰뚫어 보았다. 또 그때마다 안록산은 당황하고 놀라서 땀으로 옷을 흠뻑 적시곤 했다. 게다가 하인을 보내 이림보가 무슨 말을 했는지 물어보고 칭찬을 했다면 기뻐했지만 그가 싫은 소리를 했다고 하면 이마를 치면서 불안해했다.

"이런! 더욱 주의해야겠구나. 그렇지 않으면 정말 나쁜 일이 생기겠어."

이처럼 안록산은 이림보를 무서워했다. 이림보 역시 안록산이 일찍부터 모반을 일으키려는 마음이 있음을 알았지만 자기가 죽기 전에는 함부로 손을 쓰지 못할 것이고 자신의 자리를 빼앗지 못할 거라 생각하여 그냥 두었다. 실제로 안록산은 이림보가 죽기 전까지 모반을 일으키지 못했다. 이림보는 또 말년에 양국충楊國忠과 정권싸움을 벌였는데 양국충의 배후에 양귀비가 있었다.

당시 이림보의 병세가 악화되어 바람 앞에 촛불처럼 위태로웠다. 이림보의 목숨이 경각에 달렸다는 소문을 들은 양국충은 속으로 기뻤다. 그의 상태를 정확히 살피기 위해 일부러 병문안을 핑계로 이림보 집에 찾아갔다. 그런데 어떻게 된 일인지 이림보는 오랜 병으로 초췌하기는 해도 그의 눈빛만은 여전히 예리했다. 양국충은 저절로 다리가 후들거렸다. 그 순간 갑자기 '꽈당' 하며 침대 앞으로 떨어지는 소리가 났다. 양국충은 달려가 이림보를 보니 눈물을 흘리며 말했다.

"나는 곧 죽을 테니 자네가 재상을 맡아 주게, 그리고 후에 내 식솔들도 잘 부탁하네."

양국충은 전부터 이림보를 견제해왔다. 이림보는 교활한 사람으로 항상 조심했기에 얼굴 한 가득 땀을 흘리며 아무 말도 하지 못했다. 이처럼 이림보는 정확히 남은 속을 꿰뚫어 보는 사람이었다.

> **mentoring**
> 감정이란 형체는 물론 색체도 없기 때문에 깊이 감추면 아랫사람을 다루는데 가장 효과적인 방법이다. 그렇지만 지나치게 감정을 표현하지 않으면 위엄을 세우기 어려울 수도 있다. 또한 많은 사람들에게 반감을 사게 되어 예상과는 정반대의 결과를 초래할 수도 있다.

무엇으로 원하는 것을 얻을 것인가 2. 상황 _ 이기는 상황을 만들어라

상황을 만든다는 말은 승리할 수 있는 상황, 즉 유리한 상황을 조성한다는 것이다. 지혜로운 사람은 바람한 점 불지 않는 상황에서도 파도를 크게 일으킬 수 있는 수완을 가지고 있으며 그것으로 성공을 도모한다. 그렇다면 그 수완은 무엇일까? 그것은 바로 적절한 거짓말이나 헛소문이다.

그러나 거짓말도 주변 환경을 고려해야 하고 사리에 맞아야 하며 상대의 요구와 심리에 적절히 맞아야 한다. 거짓말은 장기간의 경험이 필요 없다. 거짓말을 할 때는 사람들이 믿던 말든 마치 자신의 거짓말이 실제인 것처럼 처음에는 어떤 상황인지 전혀 모르다가 나중에서야 깨닫게 해야 한다. 만약 상대가 사실을 알고 나면 마치 바다를 건너는 신선처럼 신비롭게 느낄 것이다.

전국戰國시기 장의張儀는 영리하고 말 재주가 좋아 왕의 신임을 받았다. 한 번은 고향의 친구들 여럿과 초나라로 관직을 구하러 갔는데 무엇을 어찌해야 할지 몰랐다. 의욕을 상실한 채 고생스러운 나날을 보내자 친구들은 매일같이 집으로 돌아가자고 떼를 썼다. 그러나 장의는 굳은 의지를 가지고 있었다.

"초왕을 만날 때까지 며칠만 더 기다리자. 그때가 되면 우리는 모두 배불리 먹고 따뜻한 잠을 잘 수 있을 테니. 그것은 내가 반드시 보증하지."

당시 초왕은 남후南后와 정수鄭袖라는 두 미인을 무척 아꼈는데 장의가 그 다음날 초왕을 만나 말했다.

"제가 이곳에 머문 지 꽤 오래되었으나 대왕께서는 제게 아직 이렇다 할 관직을 내리지 않으십니다. 만약 대왕께서 저를 쓰실 생각이 없으시다면 저는 진나라로 가서 관직을 구해보고 싶습니다. 허락해주시옵소서."

"좋소. 그대가 원한다면 마음대로 가시오."

초왕은 마치 빨리 떠나기를 바라는 듯 망설이지 않고 대답해주었다. 장의는 이어 작별인사를 하였다.

"제가 다시 돌아오게 되면 대왕께선 진나라의 어떤 물건을 원하십니까? 대왕께서 좋아하신다면 진나라의 특산물을 사다 바치겠습니다."

"금이나 옥은 초나라에도 있는 것인데 진나라에 무슨 특산물이 있겠소!"

"대왕께서는 진나라의 미녀가 마음에 들지 않으십니까?"

이 장의의 말 한마디가 초왕의 뇌리에 섬광처럼 스쳐갔다. 초왕의 두 눈이 빛나 흥분하며 물었다.

"무슨 말이오?"

"진나라에 미녀가 많사옵니다. 그곳의 여인들은 어느 하나 선녀처럼 생기지 않는 이가 없고 백옥 같은 피부에 버들 같은 가는 허리와 하늘거리는 자태가 진실로 아름답습니다."

장의의 진지한 설명을 들은 왕은 색욕에 눈이 멀었다.

"지금 곧 출발하여 나에게 진나라의 미녀를 바치시오."

"허나 대왕, 바로 출발하려면 그에 따른 자금이 필요합니다."

"알겠소."

초왕은 즉시 명령을 내려 장의에게 많은 경비를 챙겨주고는 하루 빨리 떠나기를 재촉했다. 장의가 궁을 나서자 이 소문은 순식간에 퍼져 초왕이 아끼던 두 미녀의 귀에도 들어갔다. 진나라에서 또 다른 미녀를 데리고 온다니 조급해져 황급히 장의에게 사람을 보냈다.

"대왕의 명을 받들어 진나라의 특산물을 가져오신다고 들었습니다. 이에 특별히 여비를 보태오니 기꺼이 받아주십시오."

이리하여 장의는 또 큰돈을 챙길 수 있었다. 며칠 뒤 장의는 초왕에게 다시 한 번 작별인사를 하며 아쉬운 듯 말했다.

"이번에 진나라로 떠나면 길이 멀고 험하여 또 언제 다시 돌아올지 모르겠습니다. 하오니 대왕, 제게 술 한 잔 내려주시옵소서."

초왕이 장의에게 술을 따라주었다. 여러 잔 마신 뒤 얼굴이 발그레해진 장의가 다시 초왕에게 말했다.

"대왕 마침 이곳에는 저와 대왕뿐이오니 청컨대 먼 길 떠나는 저에게 은혜를 베푸시어 왕후와 귀비들이 따라주는 술을 마셨으면

합니다. 왕후와 귀비들이 주는 술을 마시면 더욱 용기가 날 것 같습니다."

초왕은 장의가 가져올 진나라의 미녀들을 생각하면서 자신이 가장 아끼는 남후와 정수를 불러 번갈아 술을 따르게 했다. 그런데 갑자기 장의가 초왕 앞에 무릎 꿇고 말했다.

"대왕! 신을 죽여주시옵소서. 신이 대왕을 속였사옵니다."

놀란 초왕은 물었다.

"무슨 말인가?"

"신이 전국 각지를 두루 돌아다니며 보았으나 세상의 미녀는 대왕께서 아끼시는 이 두 귀비만 하지는 못하였습니다. 일전에 신이 대왕께 말씀드린 진나라의 특산물 또한 이 두 귀비를 뵙기 전까지 미녀라 생각했사오나 지금 보니 아닌 듯 하옵니다. 신이 대왕을 속였으니 만 번 죽어 마땅하옵니다."

왕은 한 숨을 내쉬고 말했다.

"괜찮소. 그대는 떠날 필요가 없겠소. 짐은 세상에 내 귀비들만 한 미인이 원래 없을 줄 알았소."

남후와 정수는 초왕이 칭찬을 하자 뜻을 이루었다는 듯 미소를 띠우고 동시에 장의에게 잘했다는 눈빛을 보냈다. 이 사건 이후로 초왕은 장의에 대한 태도를 바꾸어 장의는 초나라에서 훌륭한 대접을 받았다.

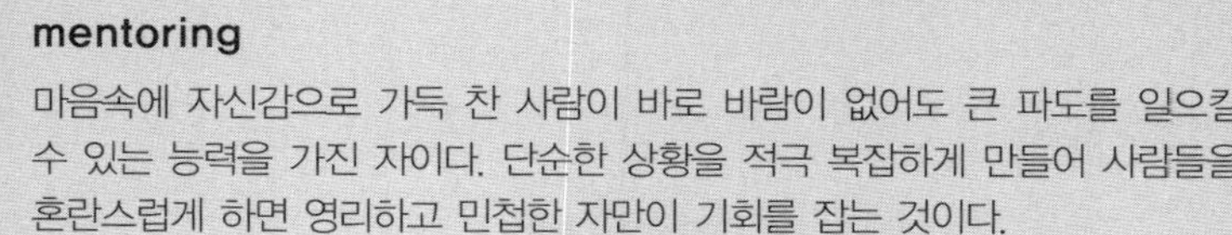

mentoring

마음속에 자신감으로 가득 찬 사람이 바로 바람이 없어도 큰 파도를 일으킬 수 있는 능력을 가진 자이다. 단순한 상황을 적극 복잡하게 만들어 사람들을 혼란스럽게 하면 영리하고 민첩한 자만이 기회를 잡는 것이다.

문제를
바라보는
시각을 바꿔라

유리한 상황을 만들 때 해결이 안 되는 문제에 매달리기보다는 문제를 바라보는 시각을 바꿔야 한다. 이 말은 곧, 당신의 지위나 실력이 어느 정도 커지면 문제를 바라보는 시각이 달라진다는 것이다. 만약 당신이 현재의 시각에 만족하지 않으면 자신의 능력을 좀 높이는 것도 좋다. 이렇게 한다면 유리한 상황을 만드는 변환술을 찾을 수 있게 될 것이다.

비관론자는 포도를 먹을 때 큰 알맹이부터 먹기 시작해서 마음속에 실망이 가득 차게 된다. 왜냐하면 먼저 큰 알맹이를 먹었기에 남은 것은 앞서 먹었던 것보다 작기 때문이다. 그러나 낙관론자는 작은 알맹이부터 먹기 시작해서 마음속에 기쁨이 가득 차게 되는데, 그가 먹는 알맹이는 모두 앞서 먹었던 것보다 크기 때문이다.

한 비관론자는 낙관론자가 먹는 법을 배워서 포도를 먹어보기로 결심했지만 여전히 즐겁지가 않았다. 왜냐하면 그의 눈에는 먹는 것이 모두 가장 작은 알맹이로 보였기 때문이다. 낙관론자도 먹는 법을 바꿔 큰 알맹이부터 먹어보기로 했는데 여전히 좋게만 느껴졌다. 그의 눈에는 먹는 것이 모두 가장 큰 알맹이로 보였기 때문이다.

비관론자의 관점과 낙관론자의 관점은 확연히 다르다. 비관론자가 보는 것은 언제나 그를 실망하게 만드는 것들이고, 낙관론자가 보는 것은 언제나 그를 즐겁게 하는 것들이기 때문이다. 만약 당신이 비관론자라면, 포도를 어떻게 먹어야 하는지, 그 먹는 방법을 바꿀 필요 없이 관점을 바꾸는 것이 낫다.

당연히 높은 위치에 서고 멀리 보는 것이 성공에 있어서 영원불변의 진리지만, 무엇보다 당신이 먼저 높은 봉우리에 오른 뒤에야 비로소 이런 기회도 있을 수 있는 것이다.

높은 위치에 서고 싶다면 자신의 한정된 시각을 뛰어넘어야 하고, 자신의 시각을 뛰어넘으려면 반드시 먼저 자기 자신을 뛰어넘어야 한다. 상상으로라도 자기가 이루지 못한 목표를 이루었다고 생각하고, 성공한 뒤 어떠한 관점을 가질 수 있는지를 생각해보는 것도 괜찮다.

또 이런 우스갯소리가 있다. 이미 나이가 많은 한 농부가 말했다.

"내 힘은 장년이었을 때와 똑같이 세다!"

사람들이 모두 의아해하며 그를 바라보았더니, 그가 다음과 같이 덧붙여 말했다.

"생각해보니 저 큰 돌덩이는 내가 장년이었을 때 못 들었었던 건데, 지금도 여전히 못 들거든."

당신의 관점이 어떤 목표에 도달하지 못했다고 해서 그것이 계속 변하지 않았던 것이라고 여겨서는 안 된다. 사실 당신의 관점은 계속 변하고 있지만 단지 인식하지 못하고 있었던 것뿐이다.

한 환자가 안과 의사를 찾았다.

"선생님, 저는 신문을 잘 읽을 수가 없어요."

의사가 그의 눈을 진찰해 본 후, 그를 안심시키며 말했다.

"괜찮습니다. 당신의 눈은 근시라 안경을 쓰면 바로 문제가 해결될 겁니다."

환자가 놀라며 물었다.

"정말인가요? 제가 안경을 쓴 뒤에는 신문을 볼 수 있다고요?"

의사는 웃으며 고개를 끄덕였다. 환자는 안경을 쓰고 신문 한 장을 집어 들었다.

"선생님, 여전히 읽을 수가 없는데요."

의사는 이상해서 다시 환자의 눈을 자세히 진찰해보았다.

"그럴 리가요? 당신은 정말 단지 근시일 뿐인데요."

환자가 대답했다.

"그렇지만 저는 글자를 모르거든요."

이처럼 우리는 때로 '모르는 것'과 '보이지 않는 것'의 차이를 구분하지 못할 때가 있다. 당신의 시야가 있는 곳에 주의력도 집중되어있을 것이므로, 주시하는 방향을 신중하게 선택해야 한다.

당신의 시간과 정력은 모두 유한한 자원이다. 따라서 마음대로 헤프게 써버려서는 안 된다. 단지 당신에게 중요한 의미가 있는 사

람이나 일에만 관심을 쏟는 것이 가장 좋다. 별로 중요하지 않은 것 때문에 정력과 안목을 분산시키는 것은, 얻는 것보다 잃는 것이 더 많은 것이다. 물론 관심을 쏟는 것을 찾기 이전에 먼저 중요한 것과 중요하지 않은 것을 어떻게 구분하는가를 알아야 할 것이다.

운명은 모든 이에게 있어 평생 동안 풀어야할 숙제이다. 그렇다면 우리는 늘 운명의 앞길을 마음속으로 짐작해 볼 필요가 없다. 어쨌든 모든 것은 결과가 있기 마련이므로 차라리 주위의 자연과 아름다운 세계를 즐기는 것이 더 낫다.

시야가 인생을 결정한다고 해도 조금도 지나치지 않다. 어떤 관점을 가지고 있는가는 또한 어떤 인생을 가지고 있는가 이기도 하기 때문이다. 당신의 시야가 독특하면 반드시 성공을 얻게 될 것이고, 시야가 좁으면 반드시 일생을 골목 안에서만 생활하다 죽게 될 것이다. 당신의 시야가 좁은 단칸방만하면 인생도 공허함으로 가득 찰 것이다. 바꾸어 말하면, 당신이 어떠한 인생을 살고 싶다면 그에 맞는 시야가 필요하고 자신의 노력으로 시야를 바꿔야 할 것이다.

'분별'을
명심하라

유리한 상황을 만드는 것은 분별 있는 사람들이 정통한 성공 분야이다. 많은 사람들이 유리한 상황 만들기의 어려움 때문에 골치썩는 것을 쉽게 볼 수 있다. 앞을 내다보는 사람들은 모든 상황에서 이 '분별'이라는 두 글자를 근본으로 하고 있다.

〈채근담菜根譚〉에서는 거짓으로 남을 중상 모략하는 것은 간사하고 아첨 잘 하는 사람이 습관적으로 사용하는 수단이라고 하였다. 그런 사람들은 상대를 공격하기 위해 없는 사실을 꾸며내기도 하고 과장된 말을 하거나 실제로 있지도 않은 말을 만들어내기도 하며, 갖가지 유언비어를 퍼뜨리기도 한다. 또 상대방의 치명적인 약점과 사적인 비밀에 대해 공격하여 당하는 사람은 너무 갑작스러운 공격에 미처 막아낼 수 없고, 막고 싶어도 막을 수도 없도록 재차 삼차 계속해서 모함하기도 한다. 그러므로 유리한 상황을 만들려면 '분별'이라는 두 글자를 배제시킬 수 없을 것이다.

중상모략의 위험성은 모함하는 사람이 목적이 매우 음흉하고 악랄하여 그들이 가진 유일한 목적이 남을 해치고 자신을 이롭게 하는 데 있다. 그들은 시비를 조종하거나 잘못된 소문을 퍼뜨려 어떤 일을 결정할 때 편차와 오류가 발생하게 하며, 모함 당하는 자가 도의적 지지와 신임을 잃게 만든다. 이러한 자들은 자신의 노력과 지혜로 남을 뛰어 넘으려 하지 않고, 다른 사람을 모함하고 공격함으로써 잠시나마 만족감을 얻고자 하므로 그 수단과 목적이 매우 비루하고 악독하다. 또한 중상모략의 위험성은 그 수단을 은폐하려는 데서 자주 드러나게 된다. 상대방이 깨닫지 못한 사이에 모함을 하는데, 어떠한 증거도 남기지 않기 때문에 당신이 설령 알았다 하더라도 뭐라 할 말이 없게 된다.

청나라의 군기대신軍機大臣 조진용曹振鏞이 정권을 장악했을 때, 적들에 대한 공격이 매우 심했다. 기선琦善은 그것을 매우 싫어하고 서로 마음이 맞지 않았기 때문에 조진용은 줄곧 그를 몰아내고 싶었다. 한 번은 기선이 아편전쟁을 처리한 후 영국 식민지의 '양무洋務'가 부당함을 주장하였다가 양강총독兩江總督의 자리에서 쫓겨나게 되었다. 하루는 도광제가 조진용에게 말했다.

"양강총독의 부임지는 남해의 변경이라 양인洋人들과 대치하여 거래가 많으니 매우 중요한 직위이다. 나는 자질이 뛰어나고 명망 있으며 오랜 변방 경험이 있는 관리를 임명하고 싶은데 그대가 보기에는 누가 적합하겠소?"

조진용은 장유넘蔣攸恬이 막 직예총독直隷總督에서 올라왔기 때문에 도광제가 생각하는 인물에 속할 것이라 생각했다. 그러나 그를 추천하면 자신이 동료를 몰아냈다는 비난을 면치 못하게 될 것이고 도광제의 의심을 살 수도 있으므로, 바로 장유넘을 추천하지 않고 백련교白蓮敎 반란 때 낭패를 당하고 곤경에 빠져 절대로 이 자리를 맡을 수 없는 천섬총독川陝總督 나언성那彦成을 추천하였다.

"제 생각에는 천섬총독 나언성의 경력이 가장 뛰어납니다."
과연 도광제는 이 건의를 받아들이지 않았다.
"천섬 일대에 민란이 발생하였을 때 나언성은 진압하지 못했소."

도광제는 다시 조진용의 의견을 듣고자 하였는데, 당시 군기처의 대신들이 모두 자리에 있었고 장유넘도 역시 옆에 있었지만 조진용은 끝내 아무 말도 하지 않았다. 도광제는 조진용이 말을 하지 않자 주위를 둘러보다가 장유넘을 발견하고는 곧바로 말했다.
"그대는 선황 때 봉강대사封疆大使를 맡았으니 양강총독직에 가장 적합하겠군."
이 일은 이렇게 결정이 났다. 사실상 장유넘은 군기대신 조진용 때문에 양강총독에 오른 것이므로 감격하여 사람들에게 다음과 같이 말했다.
"조공의 지혜는 정말 대단합니다! 자신의 의사를 드러내지 않고 오히려 폐하께서 그것을 말씀하시게 만들어 다시 바꿀 수가 없게 만드니, 그야말로 지극히 고명하십니다!"

운귀총독雲貴總督 완원阮元도 조진용에게 미움을 샀다. 한 번은 도광제가 우연히 완원을 언급하며 조진용에게 말했다.

"완원이 총독과 순무巡撫를 맡은 지가 벌써 30년이 되었소. 이제 막 장년이 된 자가 2품 관직에 있으니 어찌 이리도 승진이 바른 것이오?"

조진용이 그를 칭찬하여 말했다.

"완원의 학문이 우수하기 때문입니다."

도광제가 물었다.

"어떻게 알 수 있단 말이오?"

"그는 현재 운귀총독을 맡고 있으면서 매일 손님들과 시와 문장을 이야기하고 책을 간행하고 있습니다."

조진용은 도광제가 봉강대사들이 공무는 보지 않고 시문을 이야기하고 도를 논하는 것을 매우 싫어한다는 것을 알고 있었다. 따라서 표면적으로는 칭찬이지만 실제로는 오히려 그를 탄핵한 것이다. 도광제가 이 말을 듣고 침묵하더니 결국 완원을 경성으로 불러들여 다시는 중용하지 않았다.

〈채근담〉에서 중상모략은 '남의 칼을 빌려 살인하는' 음모라고 하였다. 모함하는 관리는 반드시 우두머리나 상급자의 도움을 받아야만 상대방을 쓰러뜨릴 수가 있다. 왜냐하면 그 자신은 상대방과 직접적으로 일대일의 정면 다결을 벌일 수 없기 때문이다. 또 모함하는 자는 겉으로 진심으로 사람을 사구고 친밀한 태도로 대하여 상대방이 경계심을 갖기 않게 한다.

이런 사람에 대해 잘 모른다면 당하는 자는 마치 늑대를 제집에 끌어들이는 듯한 상황이 되기도 한다. 이렇게 남의 권세를 빌어 위세를 부리고, 친구를 팔아 영예를 구하고, 우물에 빠진 사람에게 돌을 던지는 식의 믿는 사람을 속이는 행동은 음모와 모략을 더 효과적이고 치명적으로 실현시킨다. 질투와 모함은 기본적으로 심리적 동기가 되므로 지혜로운 자들이 유리한 상황을 만들 때 반드시 이 점을 유의해야 한다.

무엇으로 원하는 것을 얻을 것인가 2. 상황 _ 이기는 상황을 만들어라

인격을 잘 갖춘 사람은 재능 있는 사람을 쓰고 완벽한 사람은 쓰지 않으며, 성공한 지도자는 흔히 사람을 잘 알아보고 적재적소에 쓸 수 있다. 즉, 개개인이 가진 장점을 발휘하고 단점을 피할 수 있게 하여 그 사람이 자신의 재능을 다 발휘할 수 있게 한다는 말이다.

만약 당신이 어떤 사람이 가진 단점 때문에 임용하지 않는다면, 그것은 단지 자기 자신에게 손해가 될 뿐만 아니라 때로는 위협을 가져오는 요인이 될 수도 있다. 특히 인재경쟁의 시대에 한 명의 영재를 놓치는 것은 곧 상대에게 힘을 실어주는 격이 될 것이다.

"금속에는 진정 순금이 없고, 사람 중에는 완벽한 사람이 없다."

만약 윗사람이 아랫사람의 결점만을 보고 그 사람의 약점을 물고 늘어진다면 아무도 등용할 수 없게 될 것이다. 사실 아랫사람이 당신에게 약점이 잡혔을 때 그에게 중요한 임무를 맡긴다면 그는 그 은혜에 보답하고자 할 것이므로, 그를 조종하고 이용하기가 훨씬 편해지게 된다.

한나라 때의 정치가 가의賈誼는 "큰 인물은 사소한 것에 구속받지 않기 때문에 큰 사업을 이루어낼 수 있다."고 하였다. 맹상군孟嘗君의 문객들은 모두 '계명구도鷄鳴狗盜'의 무리였다. 그러나 이런 건달 잡배들에게도 모두 각각의 장점이 있어, 크게는 군막 안에서 전략을 내

세울 수 있었고, 작게는 위험으로부터 사람을 구할 수 있었다.

자사子思가 위나라에 있었을 때, 위나라 임금에게 구혁苟奕을 추천하며 다음과 같이 말했다.

"그는 오백 대의 수레를 이끌고 전쟁에 나갈 수 있는 있는 능력이 있으니, 군대를 통솔하는 임무를 줄만 합니다. 만약 이 사람을 얻는다면 천하무적이 될 것입니다."

위나라 임금이 말했다.

"나도 그가 대장의 임무를 맡을만한 능력이 있다는 것을 알고 있소만, 그가 말단 관직에 있을 때 백성의 집에 가서 조세를 거두면서 달걀 두 개를 먹은 적이 있기 때문에 그를 등용할 수가 없소."

자사가 말했다.

"영명한 사람이 인재를 뽑아 쓰는 것은 고명한 목수가 목재를 선별하는 것과 같습니다. 목수는 목재의 쓸 만한 부분만 찾아 쓰고 쓸모없는 부분은 버립니다. 그러나 지금 임금께서는 각국이 분쟁하는 시대에 처해있기에 많은 유용한 인재들을 대규모로 선발하고자 하십니다. 하찮은 달걀 두 개 때문에 동량지재棟梁之材를 쓰지 않으시니, 이 일이 절대로 이웃 나라에 알려지게 해서는 안 될 것입니다."

위나라 임금은 자사의 말이 옳다고 여겨 자사에게 거듭 감사의 말을 전하고는,

"내 반드시 그대의 가르침을 받아들이겠소."

사람을 잘 알아보고 적재적소에 쓰는 것은 일종의 사람을 통솔하는 기술이다. 옛날 사람들은 사람을 등용하면 그에게 완벽할 것을 강요해서는 안 된다는 것을 알고 있었기에 큰 공만을 논하고 작은 잘못은 들추어내지 않았다.

재능 있는 사람들은 종종 자신의 재능을 믿고 게으름을 피우거나 자만하지 않는다. 그러므로 사람을 쓰는 방법은 하나의 격식에 얽매일 것이 아니라 나에게 필요한 것만 쓰고 다른 것은 신경쓰지 않아야 하는 것이다. 그래야만 비로소 재능 있는 사람이 자신의 재능을 가장 효과적으로 발휘할 수 있다.

전국시대의 소진蘇秦은 고대의 유명한 종횡가縱橫家이다. 그는 세치 혀로 열국列國을 돌아다니며 제후들에게 힘을 합해 진나라를 치자고 유세하여 燕나라 왕의 깊은 신임을 받고 있었다. 한 번은 소진이 왕의 명을 받들어 제나라에 사신으로 갔는데, 어떤 이가 기회를 틈타 연왕에게 소진의 험담을 늘어놓았다.

"소진은 이리저리 왔다 갔다 하며 국가를 배반하고 팔아버릴 변덕스러운 자입니다. 이제 그가 곧 반란을 일으킬 것입니다."

과연 연왕은 그 참언을 믿고 소진이 외교 업무를 달성하고 연나라로 돌아오기를 기다렸다가 그의 관직을 빼앗아버렸다. 소진은 누군가가 연왕에게 자신에 대한 험담을 했음을 알아차리고는 연왕을 뵙기를 청해 다음과 같이 말했다.

"저는 본래 동주東周의 비루한 사람으로 아무런 공적도 없었으나, 대왕께서는 친히 묘당廟堂에서 제게 관직을 봉해주시고 조정에서 예로써 대해주셨습니다. 지금 저는 대왕을 위해 제나라의 군대를 퇴각시키고 열 곳의 성을 수복해왔으니, 이치대로 말하자면 대왕께서는 제게 마땅히 더욱 잘해주셔야 합니다. 그런데 지금 제가 연나라에 돌아와 보니 대왕께서는 오히려 저의 관직을 박탈해버리시니, 이렇게 하신 것은 분명 누군가가 저의 불충함을 죄명으로 삼아 대왕께 저를 중상모략했기 때문일 것입니다. 사실 저의 불충함은 바로 대왕의 복입니다. 제가 듣기로 충성스럽고 신실한 사람의 행위는 자신을 위한 것이고, 나아가 취함을 강구하나 충실하지 못한 사람의 행위는 모두 다른 사람을 위한 것이라고 합니다. 게다가 저는 제나라 왕에게 유세하면서 결코 그를 속인 적이 없습니다. 제 연로하신 어머님을 동주에 두고 온 것은 본래 개인적인 이익을 버리고 온 마음을 다해 다른 사람을 도운 것입니다. 만약 지금 증삼曾參과 같은 효자와 백이伯夷와 같이 청렴한 사람, 미생尾生과 같이 신의 있는 인물이 있는데, 이들을 찾아 대왕을 섬기게 한다면 어떠시겠습니까?"

연왕이 말했다.

"만족할 것이오."

소진이 말했다.

"증삼과 같은 효자는 예의를 굳게 지켜 그의 부모 곁을 떠나 밖에서 하룻밤도 자지 않을 것인데, 대왕께서는 어떻게 그로 하여금 천리 밖으로 나가 위기에 빠진 약소한 연나라의 왕을 위해 일하게 하실 수 있겠습니까? 백이와 같이 청렴한 사람은 신의를 굳게 지켜 고죽군孤竹君의 계승자가 되기를 원치 않았고, 무왕의 신하가 되는 것도 바라지 않아 수양산首陽山에서 굶어죽었습니다. 청렴하기가 이와 같은데 대왕께서는 또한 어떻게 이러한 인물을 제나라로 보내어 진취적인 사업을 하게 하실 수 있겠습니까? 미생과 같이 신의를 굳게 지키는 사람은 다리 밑에서 여인과 만나기로 약속하였는데 그 여인이 오지 않자, 물이 차올라도 떠나지 않고 다리 기둥을 껴안고 익사했습니다. 대왕께서는 이토록 신의 있는 자에게 어떻게 거짓말로 제나라의 강병을 퇴각시키게 하시겠습니까? 저는 바로 그들과 같은 고집이 없었기 때문에 대왕께 죄를 얻게 된 것입니다."

연왕이 이 말을 듣고 마침내 말 속의 이치를 깨닫고는 곧 소진을 관직에 복직시키고 다시 그를 중용하였다.

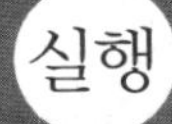

백마디 말보다
한 번의 실행이다

할 수 있는 일이
무엇인지
스스로에게
물어라

우리는 일을 실행에 옮기는 기술을 알아야 한다. 그러기 위해서는 반드시 자신에 대한 이해가 필요하다. 모든 사람들은 자기가 하고 있는 일을 잘 해내기 원하며 일을 하면서 성취감을 맛보게 되면 그것이 곧바로 성공으로 이어지기를 바란다. 일을 잘 해내고 성취감을 느끼며, 성공을 맛본다면 삶은 항상 즐거울 것이다.

그러나 이와 반대로 자기가 하고 싶은 일을 해내지 못한다면 무척 괴로울 것이다. 여기에서 우리는 먼저 스스로에게 물어야 할 것이다. "내가 잘 해낼 수 있는 일은 과연 무엇일까?" 이 물음에 대한 대답이 해결되어야만 당신은 일을 해내는 기술을 파악할 수 있을 것이다.

당신은 어떤 사람이 되고 싶은가?
부자, 예술가, 리더?
아니면 솜씨가 뛰어난 주방장?
많은 사랑을 받는 연예인?

사람마다 성공을 바라보는 방식은 다르다. 모든 사람이 각자 다른 욕구, 희망, 가치관, 장점을 가지고 있다. 그러나 이런 부분을 생각하지 못하고 자신의 소질을 고려하지 않은 채 어떤 일을 시작한다면, 당신이 아무리 많은 노력을 기울이더라도 성공과는 인연이 없을 것이다. 즉, 개개인이 가지는 저마다의 소질은 성공과 밀접한 관련이 있다. 그러나 많은 사람들이 자신의 소질을 무시한 채 원하지도 않는 일을 하고 있다.

이것이 바로 성공을 하지 못하는 원인이 된다. 예를 들면 학생을 가르치는 데 소질이 있는 사람이 사업을 하고, 사업에 소질이 있는 사람이 오히려 교사를 한다. 리더의 소질이 있는 사람이 세일즈를 하고 리더의 소질이 없지만 세일즈에 뛰어난 능력이 있는 사람이 오히려 리더를 하고 있다. 이처럼 자신의 소질이 어디에 있는지, 무엇인지도 모르면 자신이 바라는 것과는 완전히 상반된 선택을 할 것이다.

사람의 자의식은 건강 상태, 능력, 지능, 사고 등과 같이 여러 가지를 포함한다. 이 모든 것은 삶의 목표와 밀접한 관련이 있기에 삶에 대한 자의식을 집중시켜야 한다.

현재 계층적인 사회 구조로 인해 자신이 불완전하다고 느끼는가?

또한 사회의 구조가 당신의 발달에 어떤 영향을 끼치는지 알고 있는가?

이 물음에 대한 답이 긍정적이라면 당신이 바라는 자의식은 빠르게 형성될 것이다.

우리는 변화가 가득한 세상에서 살고 있다. 시시각각 변하는 세상에서 우리의 생활은 영향을 받고 또 때로는 침범 당한다. 그러나 자의식이 분명한 사람이라면 외부로부터 받는 영향도 적절히 조절

할 수 있을 것이다. 그들은 자기의 마음을 안정시켜 자기만의 생활 방식을 선택할 수 있다. 그러나 안타까운 것은 현대 문명 속에서 적극적인 자의식이 종종 고집스럽다거나 독단적이라는 오해를 받고 있다는 사실이다.

이런 잘못된 생각이 만연해지면 개인의 존재가 무너지고 인류의 생존을 위협할 것이다. 자의식을 강화하기 위해서는 긍정적인 생각을 가지고 자신의 모습을 만들어야 한다. 자신의 삶을 스스로 결정할 수 있고 외부의 영향으로 자신의 생각이 쉽게 변하면 안 되며, 이것이 행동으로 옮겨진다면 그것이야 말로 진정한 자의식이라 할 수 있다.

긍정적인 사고는 삶의 등불처럼 앞날을 밝혀주어 우리가 자연스럽고 조화로운 삶을 살아갈 수 있도록 해준다. 당신은 생활 속에서 적극적으로 행동을 변화할 수 있는 힘이 있다. 이런 자의식을 기차에 비유한다면 이상향과 삶의 즐거움은 모두 이 자의식이란 기차가 어디를 향해 가느냐에 달린 것이다.

무엇으로 원하는 것을 얻을 것인가 3. 실행 _ 백마디 말보다 한 번의 실행이다

우 리는 매일 하루에 여러 가지 일을 할 수 있다. 그러나 한 가지 분명한 것은 바로 자신이 좋아하는 일, 원하는 일을 해야 한다는 점이다. 대다수의 사람들이 직장을 구할 때 자기가 좋아하는 일, 원하는 일을 찾지 못한다. 자신이 무엇을 좋아 하고 어떤 일을 해야 하는지를 모르기 때문이다.

때가 되었을 때 즉시 결정을 내려 자신이 좋아하는 일을 할 수 있도록 해야 한다. 만약 지금 좋아하지 않은 일을 하고 있다면 그 즉시 방향을 바꿔야 이상 하는 목표에 도달할 수 있다. 지금 가는 길이 잘못되었다는 것을 알면서도 계속 간다면 결국 성공할 수 없을 것이다. 현재 상황을 바꾸고 싶다면 우선 자신에 대한 믿음을 가지고 하고 있는 일을 더욱 효과적으로 처리해야 할 것이다. 지금보다 나은 결정을 내리면 보다 나은 행동을 취할 수 있다. 몇 년 전에 한 유명 인사가 다음과 같이 말했다.

"당신은 반드시 자신이 좋아하는 일을 해야만 성공할 수 있다."

오늘날 많은 사람들이 대부분 원하지 않는 일을 하면서 좋은 성과를 올리고자 하지만 사실 생각만큼 쉬운 일이 아니다. 사람이 좋아하지 않는 일을 하게 되면 의욕이 떨어지고 슬럼프에 빠져 벗어날 줄 몰라 다른 사람이 하자는 데로 따라갈 뿐이다. 발전 없는 생활 속에서 제자리걸음만 치고 있다면 이런 상황은 당연히 그들이 바라는 것은 아니다. 그러나 일부는 여러 가지 계기로 자신의 상황을 바꿔보려고 한다.

사실 자기가 진실로 무슨 일을 좋아하는지 모른다면 본인의 이상향과 맞는 완벽한 직업이 어떠한 조건을 가지고 있는가를 하나씩 나열해 보면 될 것이다. 만약 이상적인 직장을 찾아서 일을 한다면 창조적으로 생활을 할 수 있을 것이며, 그러한 생활이 성공하는데 겪게 되는 수많은 어려움을 이겨낼 수 있게 될 것이다. 또한 이 모든 과정에서 자신의 창조력이 발휘되기에 스스로도 즐겁고 또 재미를 느낄 것이다. 예를 들면 화가의 즐거움이 그림을 전시할 때가 아니고 그림을 그리는 창조적인 순간에 있는 것처럼 말이다.

1. 열정은 기적을 만든다

사람에게 열정은 인생의 중요한 밑천이다. 열정이 충분하다면 모든 사람이 내적으로나 외적으로나 모두 '청춘'에 머물 수 있는 것이다. 모든 사람들은 열정이 있고 마음속 깊이 창조력이 생겨 열정이 행동으로 나타나, 즉 삶의 성공으로 옮겨지길 기도한다. 그렇기 때문에 우리는 반드시 내재된 자신의 열정을 끌어내야 한다.

열정은 자신감과 기회처럼 다른 사람이 줄 수 있는 것이 아니기에 만약 자신이 진심으로 바라지 않는다면 본인의 열정을 끌어낼 수 있는 이는 아무도 없다. 혹 어떤 사건이나 매개로 열정이 생길 수도 있지만 자신의 의지가 없다면 그것은 오래가지 않아 식어버리고 말 것이다. 또한 아무도 자신의 목표에 도달할 수 있게 해주지 않을 것이다.

열정은 생각을 행동으로 옮기게 하고 목적지에 도달할 수 있게 하는 원동력이 된다. 그러나 먼저 자신이 도달하고자 하는 목적지가 분명해야 한다. 열정은 자기를 믿고 용기를 내서 최선을 다해 일을 완성하고 꿈을 잃지 않는 것이다. 의심이나 실망, 좌절, 두려움을 가지고 있는 사람에게서 열정을 찾아볼 수 있을까? 당연히 아니다. 이런 부정적인 정서는 사람을 움츠려들게 할 뿐이다. 시인 에머슨은 다음과 같이 말했다.

"열정이 없다면 위대한 성공은 이루기 어렵다."

2. 자신에 대해 이해하라

살면서 우리는 항상 낯선 사람들을 만난다. 우리 생활에서 낯선 사람은 언제나 우리 곁을 스쳐간다. 어떻게 보면 낯선 사람들이 가족이나 친구보다 더 많은 시간을 함께 한다고 할 수 있다. 그러나 낯선 사람은 길에서만 마주치는 것이 아니다. 낯선 사람은 당신의 마음속에도 존재한다. 낯설다는 것은 조금도 알지 못하는, 다시 말하면 아무것도 모른다는 의미이다. 그러나 당신 마음속에 존재하는 낯설음에는 아무것도 몰라서는 안 되고 이해하도록 해야 한다.

만약 그럴 수 있다면 마음속의 낯선 존재가 당신의 가장 가까운 친구가 될 수 있다. 진정한 즐거움을 얻기 위해 진심으로 그 낯설음과 함께 해야 한다. 만약 마음속에 분명히 존재하고 있는데 모른척하거나 이해하려고 하지 않는다면 친구는커녕 가장 위험한 적수로 변할 것이다. 그런데 그 낯선 사람은 누구일까? 그것은 바로 자기자신이다.

만약 당신이 과거 성공했던 경험을 이용한다면 자신감과 용기로 현재 직면한 문제를 해결해야 한다. 그래야만 변화할 수 있고 자신의 이미지가 더욱 완전해질 것이다. 내적 심리 안에 낯선 사람이야말로 가장 좋은 벗이 되며 귀하고 충실한 길로 갈 수 있도록 격려해 줄 것이다. 가장 중요한 한 가지만 기억하자. 이 낯선 이미지는 당신을 컨트롤할 수 없지만 당신은 낯선 이미지를 컨트롤할 수 있다. 따라서 자아 이미지에 창조력과 동정심을 가진다면 길지 않은 삶에서 더욱 충실한 삶을 살 수 있을 것이다. 자기를 제외하면 자기에게 깊은 상처를 줄 사람은 없기 때문이다.

3. 자신을 책임져라

링컨이 대통령 재임시절, 그의 고문이 내각에서 일할 사람을 한 명 추천했다. 그런데 링컨이 허락하지 않자 고문은 그 이유를 물었다. 링컨은 그 사람의 얼굴이 마음에 들지 않는다고 했다.

"그렇지만 그 불쌍한 사람은 자기의 얼굴에 책임질 필요가 없지 않겠습니까?"

"모두가 40세가 되며 자신의 얼굴에 책임을 져야 한다네."

그렇다. 나이를 점차 먹어갈수록, 인생을 하루하루 살아갈수록 우리는 자신의 행동과 표정에 대해 책임을 져야 한다. 어떻게 살아야 하고 어떤 것이 옳은 것인지 모두 자기가 결정하기 때문에 자기 자신에 대한 확신을 가져야 하는 것이다.

mentoring
자신이 원하는 일을 할 때 사람은 가장 행복하다. 그러나 아직까지도 자기가 원하는 것이 무엇인지 모른다면 그것을 알기 위해 더욱 더 많은 노력을 기울여야 할 것이다.

자신의
장점을
파악하라

당신의 재능이 바로 천직이다. 당신은 무엇을 할 수 있는가? 이 질문이야 말로 자신에게 가장 좋은 질문이다. 만약 자신이 적합하지 않은 곳에 있다면 그것은 스스로가 가지고 있는 장점이 아닌 단점을 가지고 일을 하기 때문이다. 반대로 가지고 있는 장점을 살려 일을 하면 무한한 잠재력이 발휘되어 훗날의 성공으로 이어지게 될 것이다.

다음 이야기들은 장점을 발견하고 나아가 그 장점으로 성공한다는 사실을 증명해주고 있다.

"와트! 정말 너처럼 게으른 아이는 본 적이 없구나!"
와트의 할머니는 항상 와트에게 이 같은 말을 한다.
"가서 공부나 해라. 그러는 게 조금이라도 도움이 되지, 너는 어떻게 30분도 앉아서 공부하는 걸 본 적이 없니? 이렇게 많은 시간을 뭘 하려고 그러는 거야? 주전자나 가지고 뭐하는 거야? 끓는 주전자 뚜껑만 보면서 게다가 국자까지 들고 뭐가 그리 바쁜지, 그거 가지고 놀면서 시간 낭비하는 게 부끄럽지도 않니?"
다행히도 이 할머니의 말을 귀담아 듣지 않았기에 전 세계가 증기기관의 발명으로 편리함을 누리게 되었다.

오래 전 한 남자 아이가 모든 것을 버리더라도 오페라 가수가 되겠다고 다짐했다. 그의 부모는 마치 요즘 부모들처럼 많은 돈을 들여서 아들에게 음악을 가르쳤다. 그러나 몇 년이 지나도 선생님은 한 마디도 희망적인 말을 해주지 않았다.

"네 목소리는 아침 바람에 대문이 흔들리는 것 같구나. 정말 오페라 가수 같지가 않아."

선생님은 아들이 음악에 소질이 없다고 했지만 어머니는 아들을 믿었다. 그의 어머니는 아들의 음악 레슨에 단 한 번도 빠지지 않았고, 집으로 돌아와 매일 밤 방에서 연습하는 아들의 노래를 들어주었다. 어머니는 또 경험이 많은 선생님을 찾아가 아들을 가르쳐달라고 부탁했다. 이처럼 아들의 음악 교육에 온 힘을 써서 어머니는 신발이 낡아도 새로 살 수 없었다. 어떤 때는 심지어 끼니를 거를 정도로 힘든 상황이었다. 이 어머니의 아들은 훗날 가장 훌륭한 성악가가 되었다. 그 아들의 이름은 엔리코 카루소이다. 카루소의 부모는 아들의 목에서 나오는 소리가 아니라 마음에서 나오는 소리를 들은 것이며 그로부터 그의 천부적인 재능이 계발될 수 있었던 것이다.

증기기관차를 발명한 조지 스티븐슨은 형제가 모두 8명이었다. 어렸을 때 집이 가난해서 이 많은 형제들과 방 한 칸에서 지내야 했기에 그는 근처의 외양간에서 자야 했다. 17세에는 증기 기구를 만들었는데 아버지가 그를 도와 점화 시험을 했다. 교육받을 기회가 전혀 없었던 조지 스티븐스는 기계가 선생님이었고 그는 기계를 열심히 공부하는 학생이었다. 당시 또래의 아이들은 방학을 맞아 매일 놀러 다녔지만 기계를 청소하고 연구하고 실험했다. 나중에 그가 훌륭한 과학자로 세상에 이름을 날리고 있을 때 옛날 늘던 아이들은 모두 그를 부러워했다.

지금까지 살펴본 이야기를 통해 우리는 직업을 선택할 때, 어떻게 하면 돈을 많이 받을지, 어떤 직업이 성공할 수 있을지 하는 것보다 어떤 일을 가장 잘 할 수 있는지를 생각해보고 선택해야 한다는 교훈을 얻었다. 반드시 자신이 가진 무한한 잠재력을 발휘할 수 있는 일이어야 하며 자신의 소질을 발전시킬 수 있는 일을 선택해야 한다.

mentoring

자신의 장점이 무엇인가를 파악하는 일은 쉽지 않다. 여러 분야에 걸쳐 능숙한 솜씨를 보일 수도 있고, 단 한 가지 일도 잘하는 게 없을 수도 있다. 그러나 분명한 것은 자신이 흥미를 가지고 부단히 노력하는 일이 있다면 분명 가까운 미래에는 자신의 장점이 될 것이라는 사실이다.

적극적인
사고의 이점

인생은 항상 득과 실, 즉 얻는 게 있으면 잃는 게 있기 마련이다. 득실을 가릴 때 무엇보다 중요한 것은 적극적인 태도로 대할 수 있도록 자신을 컨트롤 하는 것이다. 생활에서 적극적인 태도는 적극적인 사고를 가져야 가능하다.

적극적인 사고는 눈앞의 상황이 아무리 심각해도 최선의 결과를 내릴 수 있게 한다. 바꿔 말하면 이루고자하는 목표가 있을 때 첫발을 내딛기가 어려워도, 적극적인 사고를 갖는다면 결국에는 이뤄낼 수 있다는 것이다. 당신이 자신의 긍정적인 면을 볼 수 있다면 반드시 성공할 수 있다. 적극적인 사고는 심리적으로 성숙에 이루는 과정이며 주관적인 선택이다.

그렇다면 적극적인 태도란 과연 무엇일까? 다음 피터의 예를 살펴보자.

피터는 어느 날 갑자기 해고되었다. 사장으로부터 해고와 관련된 구체적인 이유를 듣지는 못했지만 회사의 방침이 바뀌어 더 이상 그가 필요치 않다는 게 단 하나의 해고 사유였다. 그런데 그가 자신의 해고 사실을 듣고 더욱 힘들어했던 것은 몇 개월 전 다른 회사에서 좋은 조건으로 스카우트 제의를 했었다는 것이다. 당시 피터가 사장에게 이 사실을 말했을 때 사장은 극구 말렸다.

"피터, 우리 회사에는 자네가 꼭 필요하다네. 만약 자네가 스카

우트 제의를 거절해 준다면 대신 미래는 반드시 보장하겠네."

그러나 현재, 피터는 해고되었다. 지금의 그가 얼마나 힘들고 당황스러운지 아마 누구나가 공감할 수 있을 것이다. 피터는 자기 자신이 더 이상 아무 쓸모가 없는 사람이라는 생각이 계속해서 그를 옳아 맸고 갑자기 방황하고 발작이 일어나 자존심이 전부 무너져 버렸다. 원래 피터는 활기차고 재능 있는 인재였지만 지금은 의기소침하고 항상 불만에 가득 찬 사람이 되어 버렸다. 이런 상태에서 어떻게 그가 다시 새로운 직장을 얻을 수 있을까? 만약 피터와 같은 상황에서 적극적인 사고가 발휘된다면 가장 큰 효과를 볼 수 있을 것이다.

어느 날 피터는 무심코 〈적극적인 사고의 힘〉이란 책을 펼쳐들었다. 처음부터 끝까지 읽어보고 난 후 생각했다. 지금 자신의 상황에 적극적인 면이 있는 걸까? 그는 알 수 없었다. 그러나 분명 소극적인 면이 많으면 나쁘다는 사실은 알고 있었다.

"그렇다! 적극적으로 생각하고 싶다면 무엇보다 자신이 먼저 소극적인 생각을 버려야 한다."

그는 바로 여기서부터 고쳐나가야 한다고 생각했다. 이렇게 해서 소극적인 생각을 버리고 적극적으로 생각하기 시작했다. 자신이 원래 가지고 있었던 활기차고 당당했던 상태로 회복시키고자 마음먹고 항상 기도했다.

"이 모든 것은 하늘이 이미 정해놓은 것이다. 내가 해고된 것도 모두 그 뜻이니 더 이상 내 운명을 원망하지 말고 겸손하게 하늘의 뜻에 따르자."

먼저 발생한 모든 일에는 저마다 원인이 있다고 생각하게 되면서 피터는 더 이상 사장을 원망하지 않았다. 만약 자기가 사장의 입장이라면 어쩌면 그도 어쩔 수 없었을 것이라고 생각했다. 이런 생각을 갖기 시작하면서 피터의 사고는 완전히 긍정적이고 적극적으로 변해버렸고 머지않아 다른 직장을 얻을 수 있었다.

그렇다면 적극적인 사고가 어떻게 이런 변화를 가져온 것일까?

사실 적극적인 사고가 유달리 신비한 마력이 있는 것은 아니다. 그러나 분명한 것은 우리 눈에 보이지는 않지만 분명 적극적인 사고는 어떤 힘을 가지고 있다. 만약 옛날의 피터처럼 마음속에 불만과 원망이 가득했던 상태에서 라면 어떻게 전심전력으로 다른 직장을 찾을 수 있을까?

만약 피터가 친구를 만났을 때 해고된 이야기를 하면서 전부 남의 탓으로 돌리고 얼버무렸다면, 이야기를 들은 상대 친구가 과연 피터를 다른 자리에 적극 추천할 만한 인재라고 생각할까?

따라서 그는 자신이 스스로 변하기로 마음먹은 것이다. 적절한 때에 자신의 사고와 행동을 적극적으로 바꾸었을 뿐 아니라 있는

그대로의 사실을 받아들였다. 이처럼 적극적인 사고는 사물을 대할 때나 삶을 살아갈 때, 긍정적인 면이 있으면 부정적인 면도 있다는 사실을 생각해보게 한다. 그러나 긍정적인 면에 더욱 무게를 두고 살펴본다면 좋은 결실을 맺을 것이며 또 좋은 기회가 찾아올 것이다.

적극적인 사고는 모든 사람, 모든 상황, 모든 환경에 대해 정확하고 진실하게 대할 수 있을 뿐 아니라 긍정적인 사고와 행동을 가져온다. 소극적이고 부정적인 생각을 버리고 적극적으로 생각하면 당신이 가진 소망을 더욱 넓혀 줄 것이다. 또한 적극적으로 생각하면 당신의 원하는 감정과 믿음을 실현시켜 줄 것이다.

무엇으로 원하는 것을 얻을 것인가 3. 실행 _ 백마디 말보다 한 번의 실행이다

강한 의지를 대신할 수 있는 것은 없다. 높은 학력, 물려받은 재산, 권력의 도움, 이 모든 것이 강한 의지를 이길 수 없으며 운명 또한 대신할 수 없다. 강한 의지는 성공한 사람들이 가지는 공통적인 특징지만 성공한 사람들이 남보다 뛰어난 특징을 가진 것이 아니다. 오직 강한 의지가 있었기 때문이다. 노동을 하는 사람들이 하루 종일 노동을 해도 피곤한 줄 모르고 생활이 힘든 사람이 의기소침하지 않는 까닭은 바로 그들이 강한 의지를 가졌기 때문이다.

강한 의지를 자본으로 삼고 성공한 사람들은 돈을 자본으로 삼고 성공한 사람에 비해 얻는 것이 많다. 인류 역사상 성공한 모든 사람의 이야기로 강한 의지가 가난을 극복하는 특효약임을 알 수 있을 것이다. 미국에서 성공한 한 기업가는 이렇게 말했다.

"성공한 미국인들의 비결은 인생의 고난에 당당하게 맞섰다는 것이다. 그들은 사업에 전력투구했고 실패를 두려워하지 않고 실제로 실패를 했을 때는 다시 일어설 다짐을 해서 전보다 더 강하게 마음먹고 성공할 때까지 노력했다."

어떤 사람은 단 한 번의 고난에도 용기를 잃고 좌절해서 일어설 줄 모른다. 그러나 강한 의지를 가진 사람에게 단 한 번의 고난은 아무것도 아니다. 오로지 승리를 얻고 뜻을 펼치기만을 바라는 사람에게 실패는 일시적인 것이지 최종의 결말은 아니기 때문이다. 그들은 항상 끊임없는 노력으로 실패할 때마다 다시 일어서 그 이전보다 더욱 굳은 결심을 가지고 목표에 도달하기 전에는 멈추지 않는다.

이런 사람들은 무슨 일을 하든지 간에 열심히 노력하기 때문에 분명 목표를 달성할 것이다. 만약 실패를 했더라도 얼굴 가득 웃음을 띠고 다시 일어나 더 굳은 결심을 하고 미래를 향해 나갈 것이기에 이들은 굴복할 줄 모르고 최후의 실패가 무엇인지 모른다. 그들의 사전에는 불가능이란 단어는 없다. 어떤 곤경이나 장애도 그들을 좌절시킬 수 없고 어떠한 불행도 그들을 낙담시킬 수 없다.

강한 용기는 위대한 인물들이 가진 특징이다. 만약 강한 용기가 없다면 기회를 잡지 못했을 것이고 모험에 도전하지도 못했을 것이다. 곤경에 빠졌을 때 스스로 위축되거나 아주 작은 성취에 큰 만족감을 느끼는 사람이라면 큰일을 해내기는 부족할 것이다. 역사상 수많은 위인들은 강한 의지로 태어난 것이다. 세상의 위대한 일들은 모두 강한 용기를 가진 사람이 남들이 포기할 때 오히려 굳건히 버텼기에 이루어진 것이라 할 수 있다. 진정 강한 사람은 억척스럽게 일에 몰두해 완성하지 용두사미식으로 시작할 때는 열심히 하고 흐지부지 끝내지 않는다.

대다수의 사람들이 어떤 일을 시작할 때는 무한한 열정으로 한다. 그러나 인내력은 부족하여 일을 완전히 끝마치기도 전에 문제가 생길까 두려워하고 중도에 포기해버린다. 모든 일이 처음 시작하기는 쉬워도 끝내기는 어려운 것이다. 따라서 사람이 가진 능력이 어떠한가를 생각해보아야 할 때는 얼마나 많은 일에 손을 댔느냐가 아니라 완벽하게 끝낸 일이 얼마나 되는가를 고려해보아야 한다.

달리기 경주를 예로 들어보면 달리기 경주에서 승자를 가리는 것은 출발이 얼마나 빨랐느냐가 아닌 결승점에 누가 먼저 들어왔느냐이다. 시작이 가장 빨랐지만 중도에 숨이 차 멈추어 버리거나 넘어져 일어날 수 없다면 승자가 될 수 없다. 즉, 시작이 어떠하든 간에 결과는 이루어야 한다.

사람이 성공할 수 있는지의 여부는 그가 변함없는 마음을 가지고 시작과 끝을 똑같이 잘 할 수 있는지에 달렸다. 변함없는 마음은 사람이 갖추어야할 미덕이며 일을 완성하는데 필요한 조건이다. 어떤 사람은 협동해서 하는 일을 처음에는 함께 열심히 노력하지만 중도에 문제가 생기면 협동을 그만둔다. 단지 일부 소수의 사람만이 열심히 협동을 하고 노력한다.

성공은 누구나 쉽게 할 수 없는 것이다. 모든 일에 성공하고 싶다면 고생을 마다해서는 안 된다. 어떤 고난이 닥치더라도 또 어떤 공격을 받더라도 절대 포기하지 말고 끝까지 노력해야 한다. 왜냐하면 승리라는 것, 성공이라는 것은 대개 강한 의지를 가지고 열심히 노력하는 가운데 생기는 것이기 때문이다. 가령 당신이 수없이 많은 좌절을 당했다 해도 그 앞에서 벌벌 떨며 두려워해서는 안 된다. 이는 매우 간단한 이치이다. 좌절을 감당해내야만 인간은 더욱 성숙해질 수 있기 때문이다. 여러 번의 좌절은 실패를 줄이는 삶으로 만들어 줄 수 있는 것이다.

혹자는 세상에 평탄한 길은 하나도 없고 좌절과 고난이 언제나 곁에 있다고 했다. 우리는 공부와 일, 인간관계 등 여러 부분에서 좌절을 겪게 된다. 만약 계속해서 문제가 생긴다면 항상 자신에게만 불행이 닥친다며 투덜거릴 것이다. 사람들이 가진 수많은 욕구 가운데 누구나 교제의 욕구는 있을 것이다. 이로 인해 인간관계에서 자신이나 외부의 각종 제한을 받게 되어 문제가 생겨 인간관계에서도 좌절을 느끼게 되는 것이다. 이처럼 좌절은 생활과 일에 있어서 중요한 영향을 끼친다.

가볍게는 고민이나 긴장을 하겠지만 심해지면 심리적인 스트레스를 받고 더욱 심해지면 몸과 마음에 질병을 초래할 것이다. 이와 같이 부정적인 심리 상태에서 어떤 사람은 공격적으로 반항하여 폭력적인 행동을 취할 것이고, 어떤 사람은 소극적인 태도로 삶을 비관하고 자신감을 잃어버리고 만다. 물론 어떤 사람은 소극적인 태도를 자기가 직접 적극적으로 바꾸고 좌절 속에서 교훈을 얻을 수도 있으며 피동을 주동으로 바꿀 수 있을 것이다. 즉, 좌절을 자신이 발전할 수 있는 동기이자 계기로 만드는 것이다. 그렇다면 인간관계에서 좌절을 당했을 때는 어떻게 맞서야 하는 걸까?

1. 자신에 대해 정확히 평가해야 한다

좌절은 보통 자신을 제대로 평가하지 못한 사람들은 쉽게 극복하지 못한다. 즉, 앞으로 생길 문제에 대해 충분히 생각해보지 않고 삶에 대한 전반적인 의식이 부족한 사람에게 쉽게 생기는 것이 좌절이다. 좌절을 당했을 때 다른 사람을 원망하거나 심하게 낙담하지 말고 먼저 그 원인을 냉정하게 분석해야 한다. 만약 자기가 잘못해서 다른 사람에게 피해를 입혔다면 솔직히 자신의 잘못을 인정하고 신중한 태도를 취해야 할 것이다. 또 차후에 그런 일이 재발하지 않도록 자신에 대한 태도를 보다 엄격하게 해야 할 필요도 있다. 반대로 그 실패의 원인이 다른 사람에게 있다면 지나치게 원망하거나 몰아붙여서도 안 된다. 시간이 흐르면 결국 사실이 밝혀지기 때문이기에 굳이 자신이 나설 필요는 없다.

2. 낙관적인 태도는 좌절로 받는 스트레스를 줄인다

좌절했을 때 사람의 감정 변화는 뚜렷하다. 외향적이고 호탕한 사람은 좌절로 받은 스트레스를 그 즉시 해소하지만 내성적이고 소심한 사람은 그렇지 못한다. 따라서 내성적인 사람에게는 낙관적인 태도와 감정을 조절하는 방법이 필요하다. 예를 들면 음악을 듣거나 자기가 좋아하는 일을 하면서 잠시 동안 다른 생각을 하거나, 적극적으로 위기를 극복한 위인의 전기를 읽거나 하는 방법으로 좌절로 인한 스트레스를 풀어야 한다. 우리는 여러 가지 방법으로 난관에 대처할 수 있다. 어려움 앞에서 좌절하여 항상 고통스럽게 보내서는 안 될 것이다.

3. 유머로 위안을 삼는다

우리는 자신의 단점을 받아들이기 어려울 경우 대부분 좌절하게 된다. 그러나 만약 유머를 이해한다면 자기가 가진 단점을 위안으로 삼을 수 있을 것이다. 이렇게 되면 좌절감이 없어지고 나아가 유머를 통해 조화로운 인간관계를 맺을 수 있을 것이다.

4. 남을 상대하고 자신을 다스리는 도리와 침착함을 가져라

〈안자춘추晏子春秋〉에서 안자晏子가 초나라의 대사로 간 이야기가 있다. 초나라 사람이 키가 작은 안자를 보고 왜소하다면서 놀렸다.

이때 안자는 침착하고 지혜롭게 대처했다. 초나라 사람은 안자의 키가 작자 대문을 두고 작은 문을 열어 안자에게 들어오라고 했다. 그런데 안자는 들어가지 않고 말했다.

"개나라로 파견된 사람만이 개구멍으로 들어가는 것인데 나는 초나라로 파견되어온 사람인데 어찌 이런 문으로 들어가겠는가!"

그의 말을 들은 초나라 사람은 아무 말도 하지 못하고 대문을 열어 안자를 맞이했다.

5. 융통성을 발휘해라

자신에 대해 정확히 판단했다는 전제하에 목표가 확고하다면 설령 자신이 세운 목표가 실현 가능성이 없다면 굳이 노력할 필요는 없다. 그 때문에 좌절감이 들 것이기 때문이다. 예를 들면 신체적으로 장애가 있는 사람이라면 댄서가 되려고 노력하거나 시간을 낭비하면 안 된다. 자기가 가진 경험과 전문 지식을 살려 연출을 하거나 지도를 하면 원래의 춤과 관련된 일을 한다는 목적에는 큰 차이가 없는 것이다.

6. 용기를 가지고 노력하라

좌절했을 때 용감히 대처하면 당신의 목표와 방법은 바뀌지 않는다. 더욱 중요한 것은 두 배로 노력하면 사람과의 교제에서 성공

할 수 있다는 것이다.

　시후는 학교를 다니는 내내 현수와 사이가 좋을 수 있었다. 지금 두 사람은 무척 친하지만 처음 만났을 때 현수는 시후와 친해지기를 꺼려했다. 때로는 시후를 무시하기도 하고 멀리했는데 시후는 그런 현수와 잘 지내기 위해 더욱 노력했다. 나중에 현수는 시후의 노력에 감동해서 친한 친구로 지내게 되었고 두 사람은 남들이 부러워 할 만큼 두터웠다. 사실 처음 현수의 차가운 태도에 시후는 무척 상처를 받고 좌절했다. 그러나 포기하지 않고 진심을 보여주려는 노력으로 시후는 인간관계에서 진실한 우정을 얻을 수 있었던 것이다.

잠재력을
계발하라

일을 달성하기 위해서는 잠재력을 계발하기 위한 도전이 필요하다. 철학자 니체는 가장 뛰어난 사람은 다른 사람이 참기 힘든 것을 참고 인내력을 계발하기 위해 즐겁게 도전하는 사람이라고 정의했다. 성공한 사람을 살펴보면 그들이 성공한 원인은 대부분 부족한 부분에 있어 잠재력을 계발했다는 데 있다. 미국의 유명한 심리학자는 다음과 같이 말했다.

"우리가 가진 가장 큰 약점이 아마 상상하지도 못한 도움을 줄 것이다."

잠재력이 가진 힘은 얼마나 대단할까?

고대 로마 시인 호메로스가 시력을 잃지 않았다면 그렇게 아름다운 시를 쓸 수 없었을 것이다. 베토벤이 귀가 들렸다면 전 세계 수천만의 사람들이 감동할 만한 음악을 완성시킬 수 없었을 것이다. 사마천의 창작 역시 자신의 장애를 극복했기에 가능했으며 차이코프스키의 결혼이 그렇게 비참하지 않았더라면 불후의 명작 〈비창 교향곡〉은 탄생하지 않았을 것이다. 도스토예프스키도 비참한 운명 때문에 천고의 사랑을 받는 소설을 쓸 수 있었던 것이다. 이렇게 위인들은 자신이 가진 약점을 장점으로 바꿨다.

1809년, 미국 켄터키 주의 작은 집에서 한 아이가 태어났다. 그 아이 역시 자신의 결점을 계발하여 성공을 이룬 사람으로 그의 이름은 바로 에이브라함 링컨이다. 만약 그가 부유한 집에서 태어나 하버드 대학의 법률 학위를 받고 원만하게 결혼을 했다면 그는 아마 사람들을 감동시킨 연설을 하지 못했을 것이다. 대통령 재위 기간에 했던 수많은 연설들을 포함해서 그가 했던 훌륭한 말 한마디 한마디는 통치자로서 가장 아름답고 열정적인 일면이었다. 그는 항상 "남을 미워하지 말고 자비심을 가져야 한다."고 말한다.

"스칸디나비아 지역에는 '차디찬 북극 바람이 에스키모인을 만들었다.' 라는 속담이 있다. 우리는 아무런 고통 없이 즐거움만 가득한 행복을 언제 느끼는가? 스스로 힘들다고 여기는 사람은 편안한 소파에 앉아있어도 끊임없이 힘들다고 생각한다. 그러나 열악한 환경 속에서도 항상 즐거운 사람이 있다. 그들은 책임감이 강해 절대로 도망가지 않는다. 다시 한 번 강조하면 강인한 에스키모인들은 바로 차디찬 북극의 바람이 만드는 것이다."

만약 우리가 진심으로 어떤 희망이나 전환점을 찾을 수 없다면 아래의 두 가지 이유 때문일 것이다. 이 두 가지 중 어느 한 가지라도 해당한다면 상황은 나아질 뿐 더 이상 나빠지지 않을 것이다.

첫 번째는 이미 성공을 이룬 것이다. 두 번째는 아직 성공하지 않았지만 그에 대해 노력을 하는 것이다. 원래 노력이란 앞을 향하는 것이지 뒤로 후퇴하기 위함은 아니다. 소극적인 사고 대신 적극적인 사고로 변화시키는 것이 바로 노력이며, 또 창조력을 개발시켜 과거 실패했던 일 때문에 괴로워할 시간조차 없을 정도로 바쁠 것이다.

전 세계적으로 유명한 바이올린 연주자가 파리에서 첫 번째 연주회를 가졌을 때의 일이다. 무대 위에서 연주하던 도중 갑자기 바이올린의 A현이 끊어져 버린 것이다. 그러나 그는 당황하지 않고 태연히 세 개의 줄만 가지고 연주회를 마쳤다. 이 일에 대해 그는 다음과 같이 말했다.

"이것이 바로 인생이다. 비록 줄이 하나 끊어졌더라도 당신은 세 개의 줄만 가지고도 계속 연주할 수 있어야 한다."

이런 인생이야 말로 도전적인 인생이라 할 수 있다. 모든 사람이 각자 대단한 능력을 가졌지만 그것을 완전히 알고 있지는 않다. 현재 자신 앞에 커다란 재난이나 변고가 머리를 짓누르고 중요한 임무가 어깨위에 놓여야만 자신이 가진 능력이 최대한으로 발휘될 수 있는 것이다.

농사를 짓고 공장에서 일하고 정원을 돌보는 것처럼 평범한 일은 그랜트 장군이 가진 잠재력을 일깨우기는 부족했다. 만약 미국에서 내전이 발발하지 않았더라면 그랜트 장군의 이름은 알려지지도 않았을 뿐더러 그의 명성이 후세에 전해지는 일은 없었을 것이다. 또한 링컨의 경우도 마찬가지이다. 그 역시 대단한 잠재력을 가진 사람이었다. 농사를 짓고 벌목을 하고 측량하는 등의 일은 그의 능력이 얼마나 대단한지 보여주기에 부족했다. 미국의 국회의원이 되었어도 마찬가지였다. 그러나 국가의 위기가 닥쳐 그가 중요한 책임을 맡게 된 뒤에는 그의 능력이 최대한 발휘되었고, 그리하여 미국 역사상 가장 위대한 대 영웅이 된 것이다.

역사를 뒤돌아보면 이와 비슷한 예는 수를 셀 수 없을 만큼 많다. 어떤 위대한 인물은 모든 것을 잃어버린 뒤에야 삶의 출구로 나갈 용기를 냈고, 또 어떤 인물은 불행이 닥쳤을 때 절망으로 가득하고 진퇴양난의 상황이 되었을 때 자신이 가진 모든 힘을 발휘하여 벗어났다. 위대한 사람을 만들기 위해서는 여러 가지 고난을 이겨내고 어려움을 헤쳐나가야만 한다. 미국 역사상 위대한 경제인들이 처음부터 뛰어난 성과를 올린 것은 아니다. 그들의 시작은 다른 사람들과 별반 차이가 없었지만 불행이 닥쳐 모든 재산이 살아지고 오직 기댈 수 있는 생존을 위한 단 하나의 지팡이조차 빼앗긴 뒤에야 그들이 가진 진정한 능력이 계발된 것이다. 많은 사람들에게 받던 도움이 끊기고 가장 귀중한 것을 잃어버리거나 모든 것을 완전히 빼앗긴 뒤에야 그들은 자신들의 경영에 전환점을 가질 수 있었던 것이다.

이처럼 인간이 가진 진정한 능력을 발휘하기 위해서는 크나큰 고통이 필요하다. 뒤에서 추격병이 쫓아오고 앞으로 나갈 길이 막혀버렸을 때, 외부의 도움은 전혀 받지 못할 상태에서야 내면의 모든 힘을 끌어낼 수 있는 것이다. 어린 나이에 성공한 사람들은 대부분 이처럼 인생의 불행을 겪었기에 성공한 것이다. 예를 들면 부모님의 도움이 전혀 없었거나, 가족의 죽음, 실직, 뜻하지 않은 불행 등으로 그들은 스스로 일어설 수 있었고 스스로 이겨내도록 노력한 것이다. 오직 자신의 힘으로 노력하지 않으면 아무도 해줄 수가 없기 때문이다. 삶에서 기댈 곳을 잃어버린 젊은이들은 과감하며 용감하게 변한다. 그러나 이와 반대로 부모나 다른 사람에게 기대기만 한다면 독립심을 키우는 일은 꿈도 꾸지 못할 것이다.

책임감은 우리가 가진 힘을 적극적으로 계발시켜 준다. 책임을 져야 하는 일을 해보지 않은 사람은 결코 자신이 가진 진정한 능력을 계발하지 못한다. 신체 건강한 젊은이들이 항상 말단직에 머물러 만족하고 사는 것은 중요한 임무를 맡아 책임져야 하는 상황이 없었기 때문이다. 그런 상황이 닥쳐야만 자신이 가진 능력이 최대한 발휘될 수 있는 것이다. 그래서 항상 다른 사람이 정해놓은 규칙과 아이디어만 따르고 다른 사람이 어떤 생각을 하는지 추측하지 못하는 것이다.

우리에게는 각자가 모르는 잠재된 능력이 있다. 그것을 발굴해 낼 수도 있고 없을 수도 있는데 주변 상황이 어떠하냐에 따라 다를

것이다. 만약 잠재된 능력을 끌어낼 필요가 없는 상황이라면 설사 대단한 포부와 자신감을 가졌다 해도 능력을 최대한 발휘하기는 힘들 것이다.

mentoring

중대한 책임을 지게 한다거나 벼랑 끝으로 내모는 것처럼 절박한 상황이 되면 자연히 한 사람이 가진 모든 능력이 발휘된다. 이런 상황이 그 사람에게는 정신을 바짝 들게 할 것이고, 자신만이 가진 능력을 발휘해서 일을 완성할 것이다. 동시에 자신감이나 강인한 투지처럼 다른 장점을 강화시킬 것이다. 따라서 힘든 임무는 성공으로 나가는 절호의 기회라 할 수 있기에 즐겁게 닦아야 할 것이다.

성공할 확률은
모험할 때
가장 크다

만일 생활하면서 즐거움이 어떤 것인지, 언제 올 것인지를 미리 알 수 있다면 조급하게 찾아 헤맬 필요가 없을 것이다. 요즘 사람들은 대체로 나이가 어리면 어릴수록 더욱 구속받기 싫어하고 오락 거리만을 찾으며 세상을 적당히 살아가려한다.

진부하고 낡았다고 생각되는 일은 하지 않고 오직 자기 마음대로 해야만 자기 표현이 가능하다고 생각한다. 그렇기 때문에 남들과 맞추기 어렵고 더불어 살아가기가 힘든 것이다. 자제력이 없는 사람은 더 빨리 타락하기에 노력하는 한 사람이 한가롭게 놀며 그럭저럭 살아가는 열 명을 당해낼 수 있는 것이다.

혼자만의 세계에 갇혀 살면 조금도 좋은 점이 없다. 고개를 들면 완전히 다른 느낌이 들 것이다. 당신 또한 고개를 조금만 더 높이 들면 세상은, 생활은 전혀 단조롭지 않다.

미국의 창업연수센터는 매년 리더가 되려는 천 명이 넘는 젊은 이들로 가득하다. 이들은 언제나 힘든 일을 견디고 모험에 도전하라는 말을 긍정적으로 받아들이고 있다. 센터에는 가끔 살벌한 기운으로 가득 차 있다.

모든 일에 있어서 모두가 남의 머리 위에 서고 싶고 남보다 뛰어나고 싶어 하기 때문이다. 야구 시합을 하거나 다이빙 시합을 하는 등 심리적인 교과과정을 긴장 속에서 모두가 온 힘을 쏟아 쿳고 있다. 강사들은 교과과정을 재밌고 또 치밀하게 짜고 있는데 매 주마다 흥미를 끌 수 있는 프로그램을 개설한다.

모든 연수생들은 어떻게 하면 자기를 표현하는데 망설임이 없을지, 어떻게 하면 즐거울 지에 대해 배운다. 또 자신의 개성을 파악하여 많은 사람들의 관심을 끌 수 있어야 한다는 것과 리더가 되어 다른 사람들에게 영향력을 미쳐야 한다는 것도 배운다. 이렇게 모두가 스스로 노력하는 과정에서 연수생들은 최대한 자기를 표현할 수 있고 발전시킬 수 있는 것이다. 이곳에서 연수한 사람들의 특징 중 하나는 생활의 모든 곳에서 흥미를 느낀다는 점이다.

창업연수센터의 교훈은 '언제 어디서든 자기를 표현하는데 최대한의 노력을 해야 한다.' 이다. 연수 프로그램에 따라 열심히 생활하면 영광스럽게 훈련을 마칠 수 있다. 자신에게 충실한 사람이 된 것은 두말할 것도 없고 아침에 침대에서 첫발을 내릴 때부터 의욕에 차있다. 그날 만나게 되는 실망스러운 사람이나 상황에도 대범하게 맞선다.

이처럼 하는 것은 바로 당신을 승리의 길로 걷게 하는 것이다. 왜냐하면 당신이 문제에 대해 적극적으로 해결하려는 태도를 갖고 있으면 문제의 절반은 이미 해결된 것과 다름없기 때문이다. 당신이 조금만 신경을 쓴다면 승리는 보다 앞당겨질 것이다.

그렇다면 모험이란 무엇일까?

첫 번째는 적극적이고 진취적인 생활 태도가 인생의 전체적인 상황을 바꿀 수 있음을 인정해야 한다. 대부분의 사람들은 병이 날까, 힘든 시기를 보내게 될까, 직장을 잃을까, 실패하지는 않을까 항상 걱정하고 두려워한다. 그러나 용기를 내는 데도 걱정과 두려움이 있다는 사실을 알아야 한다. 중요한 것은 그것을 어떻게 극복하는가에 달려 있다. 용기를 내서 맞서는 것이 걱정과 두려움을 물리쳐 다시는 겪지 않게 하는 방법이다. 그렇다면 사람들은 왜 모험을 해야 할까? 왜냐하면 모험을 하지 않는다면 영원히 승리할 수 없기 때문이다. 사람들은 누구나 자신이 어떤 위인이 되길 바란다. 또 어느 정도 경지에 오르길 바란다. 그러나 문제는 바라고 희망하기만 할 뿐 아무것도 하지 않고 가만히 앉아서 기회가 오길 기다린다는 것이다. 기회는 어쩌다 오는 행운을 바라는 사람에게는 절대 오지 않는다. 진취적으로 노력하는 인재가 되어야만 기회를 잡을 수 있는 것이다.

모험을 할 때 먼저 필요한 것은 용기이다. 그러나 맹목적인 용기를 말하는 것은 아니다. 성공한 사람들이 가장 중요하게 생각하는 것은 자신의 목표를 정확히 파악하는 것이다. 목표를 반듯하게 세워야 용기를 내서 실행할 수 있기 때문이다. 그러나 실수를 두려워해서는 안 된다.

완벽주의자가 아닌 이상 잘못된 습관을 고쳐야 하기 때문에 실수는 그것을 고쳐나가는 한 과정이라 할 수 있다. 따라서 빠른 판단을 내리고 실행하는 습관을 길러야 한다. 무슨 영화를 볼지, 어떤 내용의 편지를 쓸지, 무슨 옷을 살지를 고민한다면 영화를 고르는 데 필요한 시간은 단 5분, 편지를 쓰는 데 필요한 시간은 1시간 남짓, 옷을 고르는 데 필요한 시간은 대략 2~3시간을 소비하면 된다.

어느 정도 자신이 확신하는 결정을 내렸으면 이미 내린 결정을 바꿔서는 안 된다. 다 쓴 편지를 찢어 버리고 이미 산 옷을 반품하지 말아야 한다. 어떻게 보면 이렇게 하는 것이 지나치게 경솔하고 무모하게 보일지도 모른다. 하지만 그렇게 생각한다면 그것이 더욱 문제이다. 짧은 시간 안에 올바른 결정을 내리기 위해서는 결과와 영향 등 여러 각도로 생각해보아야 하는데, 그러기 위해선 최대한 집중해야 한다. 따라서 분석적인 능력을 키우도록 노력하여 빠르고 정확하게 판단하여 오차 없이 실행해야 한다. 이렇게 한다면 며칠 지나 당신이 상상하지 못할 정도로 자신이 내린 결정에 만족할 것이다.

그러나 앞서 언급했던 것처럼 생활 속에서 자주 내려야 하는 결정이 아니라 결혼, 출산, 투자 등 인생의 중대사라면 이처럼 할 수는 없다. 그렇지만 평소에 명철하고 신속한 판단을 습관화한다면 갑자기 중요한 일이 생겼을 때 과감히 결정을 내릴 수 있을 것이다. 그러나 절대로 실수하지 않으려 애써서는 안 된다. 실수를 하게 될까봐 두려워한다면 글을 써도 하루 종일 한 자도 쓰지 못할 것이다. 만약 적당한 문구가 생각이 나지 않는다면 영원히 글을 쓰지 못할 것이 아닌가?

한때 도시에는 경제 불황이 심각했다. 수많은 공장과 상점들이 잇달아 도산하며 어쩔 수 없이 문을 닫아버리거나 무수히 많은 물건들을 헐값에 팔았다. 당시 1달러로 100켤레의 양말을 살 정도로 물가는 폭락했다. A는 제조 공장의 기능공으로 물가가 폭락하자 바로 모아 놓은 돈으로 싼 값의 물건을 사들였다. 사람들은 이런 그를 보고 어리숙하다고 생각하고 대놓고 바보라고 놀려댔다. 그러나 A는 사람들의 비웃음을 듣고도 개의치 않았다. 전과 다름없이 공장과 상점에서 헐값에 처분하는 물건들을 사들였고 또 그 물건들을 보관하기 위해 큰 창고를 빌렸다. 그의 아내는 남편의 행동이 못마땅해 아무짝에 쓸모없는 물건 좀 그만 사들이라고 몇 번이고 잔소리를 했다. 아내는 근심걱정이 가득해서 말하곤 했지만 A는 미소를 지으며 안심하라며 말한다.

"삼 개월만 지나면 당신이 생각하는 이 쓸데없는 물건들이 큰돈이 될 테니 두고 보라고."

A씨의 결심은 흔들리지 않았다. 열흘 남짓 지나자 공장들은 여전히 산더미처럼 쌓인 물건을 더 이상 팔지 못하고 태워버렸다. 이를 본 아내는 더 더욱 초조해져 무모한 남편을 원망했지만 A씨는

여전히 한 마디도 하지 않았다. 결국 미국 정부가 지방의 물가 안정을 위해 긴급 조치를 취했다.

그런데 이때는 이미 공장들이 태워버린 물건이 많아 오히려 남은 물량이 적었다. 물량이 적으니 반대로 시장의 가격은 하루하루 지날수록 올라갔다. A씨는 자기 창고에 가득 쌓인 물건을 꺼내 팔기 시작했다. 경제적으로는 물가가 안정되었고 A씨 개인적으로는 돈을 벌 수 있었다. 그런데 그가 덤핑 물건을 구입할 때 핀잔만 주던 아내가 물가가 폭등하니 이젠 조금 더 기다렸다가 물건값이 더 오르면 팔자고 했다. 그러나 A씨는 냉정하게 말했다.

"이제 팔 때가 된 거야. 시간을 더 끌면 후회할거라구."

과연 A씨의 생각대로 사들였던 물건을 전부 팔았을 때는 다시 물가가 떨어졌다. 그의 아내는 남편의 멀리 내다보는 탁월한 식견에 감탄했다. 나중에 A씨는 이 돈으로 다섯 개의 백화점을 세우고 지금은 경제계의 거물이 되었다. A씨의 이야기에서는 물론 그가 가진 모험심이 탐험과 같다고 말할 수는 없을 것이다. 그러나 탐험가는 충만한 모험심을 가지고 있다. 콜럼버스가 신대륙을 발견하고 바스코 다가마가 지구를 횡단한 것은 모두 인류가 가진 가장 위대한 정신, 바로 모험심이 있었기 때문이다.

mentoring

모험심과 관계없다고 생각하는 사람은 성공과도 인연이 없다. 그러나 시대를 초월하는 탐험정신이 항상 생기는 것도 아니며 또 모험심이 있다 해도 그들에게 항상 기회가 있는 것도 아니다. 따라서 우리는 생활하면서 현실에 안주하고 편안해 할 것이 아니라 항상 모험심을 길러야 한다.

시대의 흐름을
주시하면
능력을
이끌어
낼 수 있다

시대의 흐름을 아는 것은 일을 성취하는 것과 밀접한 관계가 있다. 그렇다면 시대의 흐름이라는 것은 무엇일까? 그것은 바로 시대의 구성이고 상황이다. 시대의 흐름은 항상 변하기 때문에 사람들이 생각하는 의미와 역할도 그에 따라 변한다.

시대의 흐름을 잘 살피는 것은 전투에 있어서 반드시 지켜야 할 전술일 뿐만 아니라 장수된 자의 소질이 어떠한가를 가늠해 볼 수 있는 것이다. 만약 싸우는 상대가 혼란스럽지 않을 때 공격한다면 힘만 들뿐 성과는 없을 것이다. 그러나 반대로 적군이 혼란에 빠져 공격할 수 없을 때 가만히 앉아서 기회를 잃는다면 안 될 것이다.

옛날에 전쟁에서는 적은 수로 많은 수를 이기고 약함으로 강함을 이기는 사례가 많았다. 그러한 사례에서 볼 수 있는 오묘한 점은 바로 시기를 잘 살펴서 공격의 기회를 잡는다는 것이다. 따라서 전쟁이 없을 때 백성들을 위해주고 정예부대를 양성하였다가 적군이 혼란한 틈을 타 과감하게 공격해야 한다. 옛말에 '권력은 예상할 수 없고 변화는 미리 예측할 수 없다. 시대의 흐름에 따르고 만물의 변화에 따라야 계책을 세울 수 있다.'고 하였다. 삼국 시대 강유姜維는 여러 차례 위를 공격하여 백성을 힘들게 하고 재정을 낭비했다.

그러나 결과적으로 아무런 성과가 없었으니 그 원인은 바로 시대의 흐름을 살피지 못한데 있다. 주나라 문왕의 너그러운 정치로 나라가 부유하고 백성은 편안했으니 한 사람이 다수를 책임진 것이다. 또 월왕 구천 또한 백성을 위했으니 결국 약함으로 강함을 이겨낸 것이다. 이것은 모두 그들이 정확하게 시세를 살피는 능력이 있었기에 가능한 것이었다. 진실로 시세를 잘 아는 사람은 계속해서 전투하려는 자세를 가지고 아무 의심 없이 용감하게 앞으로 나아간다. 고민을 되풀이하다보면 결국 적에게 숨 돌릴 틈을 주게 되는데 적군이 숨을 돌리며 병력을 재정비한다면 그때는 전쟁에서 이기기 어려울 것이다.

『신당서新唐書』에는 이세민이 직접 병사를 이끌고 적에게 계속 공격을 퍼부어 크게 승리한 이야기가 실려 있다. 이세민은 설인결과의 싸움에서 크게 이겨 설인결은 남은 병사들을 이끌고 도망갔다. 이때 이세민은 지휘 장수들에게 말을 멈추지 말고 추격하라고 지시했다. 이때 이세민의 장수 두궤는 적군의 형세가 이미 기울어졌고 아군 역시 큰 싸움으로 힘들어했기에 잠시 쉬어도 된다고 생각했다. 그래서 두궤가 이세민에게 말했다.

"우리 군이 이렇게 한 걸음에 달려와 추격을 했으니 적군은 분명 지쳤을 것입니다. 또한 아군도 그러합니다. 지금 공격했다가 적군이 함정을 파놓았다면 어찌시겠습니까? 저들은 이미 기세가 꺾였으니 잠시 쉬었다가 다시 공격하시지요."

이세민은 큰 소리로 웃으며 말했다.

"그대의 말에도 일리가 있소만 나도 오랫동안 생각해왔었소. 그대의 말처럼 우리는 이미 이 전쟁에서 이긴 것과 다름없소. 그러나 완전한 승리는 아직 아니오. 눈앞에 있는 것이오. 적군의 대세는 이미 기울어졌으나 남은 병사들과 패한 장수들은 아무런 힘이 없으니 이 싸움의 주도권과 결정은 내 손에 있소. 우리는 반드시 지금과 같은 파죽지세로 적군을 일망타진해야 하오. 그렇지 않고 가만히 앉아서 적이 달아날 기회를 준다면 결과는 우리에게 이롭지 않을 것이오."

이처럼 이세민은 계속 공격하여 도망가려는 적군을 모조리 잡고 완벽한 승리를 거두었다.

mentoring

어떤 일을 할 때 시대의 흐름을 잡는 것은 중요한 기술이다. 그러나 이점을 무시한다면 성공할 수 있는 기회를 놓치게 되고 마는 것이다.

멀리 걷는 것 보다
자신의 길을
걸었는지가
중요하다

세상의 수많은 사람들은 실패할까 걱정해서 의기소침해지고 낙담하며 살아간다. 그러나 결국에는 이상을 실현시키지 못하고 되돌릴 수 없는 실패의 나락으로 떨어지고 만다. 사실 이런 사람들이 두려워하는 것은 실패가 아니라 세상 사람들에게 패배자로 평가되는 것이다.

대부분 사람들은 이처럼 세간의 부정적인 평가를 두려워하는데 주변의 친구나 언론매체의 영향으로 진정 자신이 원하는 삶을 살아가지 못한다. 그저 한평생 남들이 바라는 역할만 할 뿐이다. 진정한 자아를 외면하고 희생하며 타인이 바라는 삶을 살아가는 것은 세상에서 가장 바보 같은 짓이다. 마지막에는 결국 당신 자신이 인생의 주인공인데 남들의 의견에 지나치게 신경쓰고 다른 사람이 당신의 삶을 좌우하게 해야 할까?

인간은 완벽한 존재가 아니다. 따라서 일을 완벽하게 했는지 또 그 정도가 다른 사람들의 요구를 만족시켰는지 이야기할 것이 아니다. 인생은 위험으로 가득하다. 그러나 위험 속에서 오히려 어려움에 대처하는 올바른 적응법을 배울 수 있기에 위험은 어떻게 보면 성공을 향해 조금씩 나아가는 것일 수도 있다.

1. 모든 사람은 좌절한다

　성공적인 인생은 성공하기 전에 고난과 역경을 겪지 않을 수 없다. 발명가 에디슨은 만 번이 넘는 실패를 통해 전구를 발명했고, 조나스 솔크 또한 무수히 많은 개체를 실험한 끝에 소아마비 백신을 배양했다. 케이크 전문점을 연 어느 사업가는 곳곳에 분점을 내서 단기간에 세계 각지로 퍼져나가는 성공을 거뒀다. 사업이 빠르게 확장되었으나 자신이 직접 모든 체인점의 재무를 관리하는 터라 한 사람의 힘으로는 관리하기 어려워 자주 문제가 발생했다. 그는 자신이 모든 재무를 관리하기 어렵다는 점을 깨닫고 각 분점에 모든 운영을 맡기고 전혀 신경쓰지 않기로 했다. 이렇게 경영을 바꾸고 난 뒤 그의 회사는 더 빠르게 성장해나갔다.

　좌절은 단지 당신이 가지고 있는 생각중의 하나이다. 또한 좌절을 통해 당신의 의지가 목표와 얼마나 닿아있는지, 얼마나 중요하게 생각하는 지 확인해보는 기회가 될 것이다. 만약 진실로 이 말을 이해했다면 여러 고난이 닥쳤을 때 적절하게 대처할 수 있고 목표를 향해 끊임없이 발전해나갈 수 있을 것이다. 좌절은 결코 실패와 같지 않다. 당신 스스로가 좌절과 실패를 동일시 할뿐이다. 미국의 시인 에머슨의 말을 살펴보자.

　“우리의 힘은 우리의 나약함에서 나온다. 우리가 상처를 받았을 때

혹은 상처로 인해 심한 통증을 느낄 때 정신력은 발휘된다. 위대한 인물은 항상 자기를 하찮은 인간으로 보아주길 바라는데 그가 높은 위치에 있을 때는 잘 모르지만 어려움을 당했을 때 어떻게 느끼는지 알고 있기 때문이다."

그러나 좌절을 겪었다고 성공의 열매를 맺으리라고 보장하는 것은 아니다. 다만 좌절이 성공의 열매를 맺기 위한 씨앗이 되는 것이다. 성공을 원한다면 먼저 이 씨앗을 찾아내서 분명한 목표를 가지고 양분을 주어 배양할 수 있게 하면 된다. 만약 그렇게 하지 않는다면 당신의 성공은 그 열매조차 맺을 수 없을 것이다. 신은 노력하지 않고 빈손으로 열매를 얻으려는 자를 바로 옆에서 냉정한 눈으로 지켜볼 것이다. 실수라는 경험이 있어야 비로소 사실을 진정으로 이해할 수 있기에 자신이 저지른 실수 때문에 실망하고 자책하기보다 감사해야 할 것이다.

2. 희망과 결과의 정비례를 알라

희망이 작으면 그 결과도 작다. 이것이 바로 인생이다. 사람의 마음속에는 무한한 힘이 있다. 이 힘은 그 사람의 개성이 발휘될 때 비로소 사람들이 부러워하는 인생으로 만들 것이다. 우리가 가진 능력은 마치 깊은 바다 속에 잠재되어 있는 자원처럼 깊기 숨겨져 있다. 만약 그것을 찾아내서 발전시킨다면 성공적인 인생의 발전을 이루게 되지만 그렇게 하지 못할 경우에는 단지 가능성으로만 남아있을 뿐이다. 여기서 먼저 생각해보아야 할 것은 그 길이 자신이 나아가야 하는 길인지 분명한가이다.

모두가 자신이 원하는 성공의 정상에 올라갈 수 있기 때문에 자신이 스스로 오르고자 선택했다면 굳은 다짐을 하고 실현시킬 수 있다는 믿음을 가져야 한다. 또한 모든 사물과 상황을 자신의 다짐과 목표에 맞추어 성공의 정상에 오를 수 있도록 해야 한다. 현재 자신의 상황이 얼마나 나쁜지를 신경쓰지 말고 또 환경을 탓하지도 말고 단지 자신이 정한 목표만 보고 온힘을 기울여야 한다. 그래야만 작은 목표가 큰 목표로 향해갈 수 있는 것이다. 만약 이 같은 인생의 의미를 알았다면 당신은 이미 성공을 향해 한걸음씩 걸어 나가고 있는 것이다.

3. 당장 어떻게 해야 할까?

인간은 천성적으로 성공하고 싶어 한다. 만약 개인적으로 특별히 좋아하는 일이 없고 즐겁고 재미를 붙일만한 것이 없으면 삶의 의미가 없다고 느낄 것이다. 이런 생각들은 자신의 환경을 바꾸고 어려움을 극복하여 인생의 목표를 세우는 것으로 바뀔 수 있다. 만약 도달하고자 하는 이상이 없다면 우리의 인생은 만족의 의미와 즐거움이란 느낌을 모를 것이다.

mentoring

우리 주위에는 수많은 희망이 있다. 그러나 미래를 위해 노력하지 않고 과거에 연연하고 뒤돌아보면 안 된다. 미래가 있다면 삶은 활력이 생길 것이다. 만약 더 이상 성공을 바라지 않고 모든 것에 관심이 없다면 삶의 의미를 알 수 없을 것이다.

실패의 병독을
완전히
제거해야 한다

무슨 일이든 성공적으로 마치기 위해서는 실패의 병독(病毒)을 완전히 제거해야 한다. 몇 번이고 실패를 거듭하면 사람은 심리적으로 우울하고 침울해진다. 어떤 사람은 실패에도 민감하게 반응하지 않고 별것 아니라고 생각하며 계속 노력하지만 일반적으로 사람들은 여러 이유를 들어가며 자신이나 남에게 그 책임을 돌린다.

죽어도 자신의 잘못을 인정하지 않는 사람은 처세에 있어서 다른 사람에게 좋은 의도를 가지기도 어렵다. 왜냐하면 주위 사람들이 나약한 자신의 마음을 다치게 한다고 생각하기에 내부적인 모순에 빠져 헤어나질 못한다. 그러나 이처럼 바람직하지 못한 인성은 훌륭한 인품이 가장 어려운 상황 속에서 더욱 빛을 발하듯 순조로운 상황 속에서 뚜렷이 나타날 것이다.

실패는 원래 인생에서 피할 수 없는 것이다. 그러나 실패를 두려워하지 말고 용감하게 대처하며 양심에 부끄럽지 않게 최선을 다해야한다. 또한 실패의 병독, 즉 원인이 무엇인가를 찾는 것도 중요하다. 실패의 원인을 안다면 다른 사람에게 실패한 것에 대해 설명하거나 이해를 구할 수 있기 때문이다. 천재 음악가 베토벤은 음악가에게는 치명적인 장애를 가지고 있었다. 그러나 그는 들을 수가 없는 장애를 극복하고 음악사에 길이 남을 공헌을 하였다.

실패했을 때 실패를 극복하기 위해 부단히 노력하는 사람이 있는가 하면 오히려 실패에서 벗어나지 못하고 타락해 버리는 사람도 있다. 여기에서 성공할 수 있는 사람은 당연히 전자이고 자포자기한 상태에서 망가져 버리는 것은 후자이다.

실패한 사람들을 보면 항상 공통적인 병을 가지고 있다는 사실을 알 수 있다. 그것은 바로 실패에 있어 변명이나 핑계를 찾는 것이다. 그러나 그러한 핑계가 어떤 사람들이 부단히 발전하고 어떤 사람들이 제자리걸음만 하는지를 분명하게 설명해주는 것이다. 또한 비록 수천 가지의 구실을 가지고 있다고 해도 나이, 건강, 운을 핑계거리로 든다면 곤란하다.

성공한 사람일수록 핑계를 찾는 자는 극히 적다. 그러나 정체되고 발전하지 못한 사람들은 늘 무한한 변명거리를 찾아 헤매고 있다. 성공한 삶에는 평범한 삶과는 달리 변명이나 핑계가 없기 때문이다. 실패라는 병독에 감염되어 치료하지 못한다면 변명과 핑계는 더 많아지게 된다. 이러한 병적인 생각들은 실제로 질병으로 변할 것이고, 또 스스로 당연히 가져야할 성취를 얻지 못했다며 억울하게 생각할 것이다.

'뭐라고 변명을 해야 내 체면을 살릴 수 있을까? 건강이 나쁘다고 해야 할까? 좋은 학교를 나오지 못해서라고 해야 할까? 나이가 너무 어려서? 운이 없어서? 처자식을 부양해야 하기 때문에? 더려서부터 올바른 가정교육을 받지 못해서라고 해야 할까?

일단 이런 변명거리를 고민하기 시작하다보면 실패라는 병독의 희생자는 그 중에 가장 적당한 변명을 찾아내야 하기에 항상 변경과 핑계에만 신경쓰게 된다. 자신뿐만 아니라 남에게도 자신이 어째서 발전하지 못했는지, 성공하지 못했는지에 대해 변명만 늘어놓게 된다. 이러한 정신적인 병을 가진 사람들은 핑계와 변명이 잠재의식 속에 단단히 뿌리를 내려 실패를 했을 때뿐만 아니라 평소에도 습관처럼 핑계와 변명을 한다. 처음에는 핑계와 변명이 그저 부질없는 말일지 모르지만 여러 번 반복하면 진실이 되어 버린다. 결국 변명으로 인해 진정 더욱 성공할 수 없는 원인이 되는 것이다.

우리가 실패했을 때 자신을 원망하면 깊은 좌절감을 느끼게 된다. 이러한 부정적인 정서가 오랫동안 마음속에 깊이 자리하게 되면 행동에 그대로 나타난다. 일단 머릿속에 실패한 좌절감으로 가득하면 밖으로 드러나는 행동과 생각이 일치하게 되어 더욱 심해지고 심각해진다. 이런 상황 속에서 마음속에 가득한 좌절감을 없애지 않으면 상황은 날로 나빠질 것이다.

한 세일즈맨을 예로 들어보자. 오랜 기간 아무런 실적을 내지 못했던 그가 어느 날 갑자기 모두가 놀랄만한 성과를 올렸다면 그

동안 그의 마음속에 묵혀져있던 우울했던 감정들이 깨끗이 사라질 수 있는 것이다. 자아를 긍정하여 적극적이고 활발하며 개방적인 성격으로 점점 자신감을 갖게 되면 영웅호걸이 될 수 있는 시작이다.

사람은 환경의 동물이다. 사람의 성격은 결코 천성적으로 정해진 것이 아니라 태어난 뒤에 접하는 환경으로 인해 결정되는 것이다. 그러나 주위에 환경이 어떠했던 간에 자신이 성공하고자 하는 생각을 가지고 있으면 나중에는 결국 성공할 수 있을 것이다.

mentoring

일반적으로 진지한 태도로 열심히 노력하지 않으면 환경의 억압을 받게 된다. 그로인해 사람의 의지가 쉽게 좌절될 수도 있지만 가장 중요한 것은 자신이 처해 있는 환경 속에서 어떻게든 극복하려는 강한 의지를 갖는 것이다.

크게 보고
관찰하는
습관을
길러야 한다

눈을 크게 뜨고 자세히 관찰해보면 대다수의 사람들이 현재 자신이 하는 일을 좋아하지 않는다는 사실을 알 수 있다. 마찬가지로 눈을 크게 뜨고 관찰해보면 자기의 관심사와 원하는 일이 보일 것이다.

매일 대부분의 사람들은 줄곧 시계만 쳐다보며 퇴근 시간이 되기를 바란다. 또 매주 그들은 'Thank God! It's Friday'라고 중얼거린다. 자신들이 다니는 직장의 조건이 좋지 않다고 생각하기에 업무시간이 괴롭기만 하다. 늘 관리 시스템을 원망하고 달마다 받는 급여에 불만을 가지며 자신의 미래가 밝지 못하다고 생각한다.

어째서 우리는 스스로 좋아하지도 않는 일을 직업으로 갖는 걸까? 물론 여기에는 여러 가지 이유가 있을 것이다. 그러나 일반적으로는 그들의 직업과 가치관이 서로 맞지 않기 때문이다. 그들이 가진 가치관은 이미 오래전 부모나 선생님에 의해 결정된 것이다. 혹은 우연히 결정된 사람도 있을 것이다. 그런 가치관을 가지고 직업을 구하고 몇 년간 일하다보면 점점 낡은 틀에 얽매이기 시작하는 것이다.

우리의 하루는 기본적으로 3등분으로 나뉜다. 24시간 중 8시간은 잠을 자고 8시간은 일을 하며 나머지 8시간은 각자 나름대로 시간을 보낸다. 이처럼 깨어있는 16시간의 절반인 8시간을 모두 일에 쏟고 있는데 좋아하지도 않는 일을 하고 있다면 바보 같은 짓이다. 게다가 자신이 좋아하지 않는 일이기 때문에 보통 많은 시간을 투자하고 최대의 집중력을 발휘하지 않는다. 이것이 더욱 심각한 문제이다. 노력하지 않기 때문에 일의 능률이 떨어지는 것이다. 점점 이렇게 일을 하다보면 독창적인 사고는 고갈 되어버린다. 모든 직업마다 이런 사람들은 수천수만에 달한다. 그러나 그들의 잠재력은 현재 뿐만 아니라 미래에도 개발하지 못할 것이다. 자기가 좋아하지 않는 일에는 스스로 내적인 동기를 불러일으키지 못하기 때문이다. 미국의 시인 로버트 프로스트는 다음과 같은 시를 적었다.

좋아하는 것과 직업은 하나로 모아야 한다.
이것이 바로 우리가 생활하는 목적이니
두 눈을 크게 뜰 때 함께 하는 것처럼
사랑과 욕구가 하나로 합쳐진다면 일은 즐거운 놀이가 된다.
우리가 정말 할 수 있을까?

일에 재미를 느끼지 못하는 이유가 어쩌면 성격이 하고 있는 일과 맞지 않아서 일 수도 있다. 자신과 맞지 않아 형식적으로 일을 처리하고 이렇게 해라 저렇게 해라면서 강요하면 반항심이 생길 것이다. 자기가 하고자 하는 방식과 순서로 처리하고 싶지만 모든 직장이 그렇듯 정해진 출퇴근 시간이 있고 규정이 있어 생각과 같이 할 수는 없다. 만약 스스로 혼자 일하기를 좋아한다면 사업을 하거나 창업을 하는 방법을 생각해 볼 수 있다.

돈을 많이 벌어 부자가 되고 스스로 경영자가 되고 싶다면 그런 사람들의 실천목표는 자기 회사를 차리는 것으로 잡는 것이 가장 좋은 방법이다. 우리 주위를 둘러보면 경제적으로 훌륭하게 독립한 사람들의 대다수가 물건을 팔거나 서비스 계통으로 사업을 하는 사람들이다. 그들은 결코 남을 위해 일하는 것이 아니다. 오직 자신을 위해 일을 하고 남을 고용할 뿐 남에게 고용되지 않는다. 또한 그들이 반드시 사회에서 가장 뛰어난 사람은 아닐 수 있지만 자세히 관찰해 보면 이 같은 특징을 파악해볼 수 있을 것이다.

그들은 다른 사람들이 무엇을 필요로 하는지를 정확하게 파악하고 그것을 제공한 것으로 항상 눈을 크게 뜨고 자세히 관찰하는 노력으로 새로운 사업에서 성공할 수 있었다. 그러나 어떤 아이템으로 사업을 시작할 것인가를 고민해보기 전에 먼저 사업의 기본 원칙에 대해 생각해보아야 한다. 우선 다음 다섯 가지 조건이 갖추어졌는지 살펴보자.

첫째, 사람들이 즐겁게 소비할 가치가 있는 물건이 있거나 서비스할 것이 있다.

둘째, 성공하기 전에는 매일 12~16시간, 주 6일을 일할 준비가
되어 있다.

셋째, 1년은 버틸 수 있는 넉넉한 자금과 대출신용보증이 있다.

넷째, 지나치게 빠른 발전을 가져올 수 있는 유혹을 뿌리칠 수
있다.

다섯째, 그러나 만약 기회가 왔다면 역량을 발휘해서 발전할 수
있는 과감성이 있다.

만약 앞의 다섯 가지가 모두 충족되었다면 다시 한 번 가능성에
대해서 생각해보자. 어려움에 봉착했을 때 자신을 제어하는 능력과
갱생할 수 있는 능력이 충분한가? 당신의 대답이 긍정적이라면 도
전해 보기 전에 자신이 자유로운 생활에 적합한 성격인지 알아야 한
다. 직장과 다르게 개인 사업은 자신을 제외하면 생활을 감독하거나
잘못을 바로잡아주거나 격려해줄 만한 사람이 없기 때문이다.

설령 큰 실수를 저지른다면 모두 혼자서 감당하고 책임을 져야
한다. 사업을 하려면 여러 가지 지켜야 할 것들이 많고 힘들다. 그
러나 한 번 도전해 볼만하다. 개인주의적 성향이 강한 사람은 보통
다른 사람의 구속을 받는 일은 잘하지 못한다. 그러나 자신을 위해
서라면 구속하고 절제하는 능력이 있는 사람이라면 개인이 시작하
는 창업의 계획을 구체화시켜도 될 것이다.

먼저 상상력이 있고 자신에 대한 믿음과 절제력이 있는 지 판단을 해야 한다. 한바탕 꿈을 꿀 수도 있겠지만 나중에 그 꿈이 현실로 변하는 것은 아니다. 비록 사업에서는 아무도 당신에게 강요를 하지 않을 것이다. 그러나 날씨가 험한 날 아침에도 스스로 침대에서 일어나 사무실이나 상점, 즉 자기의 사업장으로 뛰어나갈 수 있는지, 자신이 원하던 원하지 않던 고생을 감수할 수 있는지를 생각해 보아야 한다. 만약 이런 물음에 대한 답이 긍정적이라면 당신은 큰 산을 하나 넘은 것이다. 그러나 그렇지 않다면 더는 생각하지 말아야 할 것이다.

사업을 하던 이직을 하든 새로운 일을 시작하기 전에 그 일이 삶에 도전할 가치가 있고 그에 대한 보상이 가능한지를 확실히 생각해 보아야 한다. 오늘날의 시대는 빠르게 변화하기 때문에 한 가지 일을 오랫동안 하기는 어렵다. 그러나 이 점을 잘 기억한다면 오히려 평생 동안 한 가지 일을 할 수 있을 것이다.

능력은
성공의
자본이다

수많은 실패사례에서 자주 보이는 문제점은 바로 자신의 장점을 돋보이게 하는 능력이 있는지 없는지를 모른다는 것이다. 이 때문에 일을 처리할 때 우왕좌왕하고 어리둥절해 하는 것인데, 일반적으로 대부분의 사람들이 이러한 문제가 있으면 어렵다고 느끼거나 자신의 능력으로 부족하다고 생각되어 더 이상 노력하지 않는다.

설령 노력을 하더라도 헛된 일이라고 생각하기 때문이다. 그러나 아직도 많은 사람들은 처음에는 다른 사람과 마찬가지로 특별한 재능이 없다. 그러나 나중에 성공하는 것은 그들이 다른 사람에 비해 자신감이 넘치고 열심히 노력하기 때문이다. 실제로 경험을 쌓지 않으면 자신의 재능이 어디에서 나타나고 어느 정도의 능력을 가지고 있는지는 영원히 알 수 없다.

다른 세력이나 자본 또는 친지의 도움과 비교해서 자신감은 멀리 보았을 때 중요하다. 자신감은 성공하려는 사람에게 있어서 상상할 수 없는 힘을 갖는다. 즉, 자신감이 있는 사람은 어려움이 닥쳐도 극복해 낼 수 있고 맡은 일을 완성할 수 있으며 보다 창조적이다. 실제로 사람은 각자 홀로 살아가는 독립적인 생활이 가능하지만 실생활에서는 단지 극소수의 사람만이 자립자족하며 살아간다.

우리는 당연히 생각하고 계획하고 일할 때 다른 사람에게 의지하고 따르는데, 혼자 생각하고 계획하고 일하는 것보다 훨씬 쉽고 또 만족도도 크다. 따라서 일단 갖가지 일에 다른 사람의 생각만 따르게 되면 스스로 노력하려는 생각을 하지 않게 된다.

어떤 부모는 자녀들에게 재산이나 사회적인 지휘 등 살아가면서 큰 어려움이 없게 가진 것을 모두 물려주고 싶어 한다. 그러나 그런 생각은 자신들이 모르는 사이에 자녀에게 재앙을 물려주는 것과 다름없다. 다시 말하면 부모가 도망갈 길을 터주는 것이 자녀에게 좌절을 안겨주는 것과 같을지도 모른다는 것이다.

젊은 사람들은 홀로 일어설 수 있는 능력이 있어야 한다. 그러나 오늘날의 젊은이들은 기대는 것이 습관이 되어 버렸다. 한 번 기댈 곳을 찾으면 혼자 길을 가지 않으려 하고, 한 번 기대기 시작하면 독립할 생각을 하지 않는다. 자신의 잠재력을 충분히 개발할 수 있는 것은 외부의 도움이 아닌 스스로 노력이며 의지하고 기대는 게 아닌 자립하는 것이다. 세상에서 의지만 벗어나 자신감만 가지면 자주적인 인간이 되어 성공할 수 있다. 독립성은 성공의 문을 여는 열쇠이며 승리를 거머쥐는 상징이기 때문이다.

풍랑이 일지 않고 무사태평할 때는 선장이 능력이 있는지 알 수 없다. 선장의 능력은 본래 거센 바람이 불거나 폭우가 쏟아지거나 또 파도가 용솟음치거나 배가 뒤집히려 할 때, 모두가 놀라며 당황해 할 때 알 수 있다. 마찬가지로 실패한 뒤의 더 노력할 때에야 비로소 개인이 가진 능력과 지혜가 돋보이는 것이다.

어려움이 닥쳤을 때 의지를 가지고 열심히 노력한다면 결국 큰 성취를 맛볼 것이다. 홀로 섰을 때에야 성공의 탄탄대로를 걸을 수 있고 이 역시 결국 큰 성공을 이룰 것이다. 의지를 버리는 때가 자기의 잠재된 능력을 발전시키는 때이다. 때로 외부의 도움은 어쩌면 행복이라고 생각할지 모르지만 더 많은 상황에서는 그와 정반대가 된다. 당신에게 돈을 주는 사람이 가장 좋은 친구가 아니라 당신이 홀로 설 수 있도록 격려해주고 용기를 북돋아 주는 친구야말로 진정한 벗이라고 할 수 있다.

어느 신체 건강한 청년이 만약 줄곧 다른 사람에게 의지한다면 자신이 완전한 사람이라고 느낄 수 없을 것이다. 직업이 있고 독립성이 있을 때야만 자신이 완전한 인간이라고 느낄 것이며 그것은 행복을 느끼는 것과 비교할 수 없다. 수많은 사람들이 사회 속에서 현실에 안주하며 적극적이고 창조적이지 못한 까닭은 자신감이 부족하기 때문이다. 편하고 싶어서 스스로의 의지로 일을 하지 않고 이리저리 휩쓸려 다니며 사사건건 다른 사람의 동의를 구해야만 결정을 내린다. 이처럼 독립성이 결여된 사람이 앞으로 무슨 일을 할 수 있을까?

무엇으로 원하는 것을 얻을 것인가 3. 실행 _ 백마디 말보다 한 번의 실행이다

"**성**공은 실패보다 쉽다."

대만의 유명한 경영전문가 천안즈의 말이다. 성공하고자 하는 목표가 있고 자신이 진정 무엇을 원하는지 알고 행동하며 끝까지 절대 포기하지만 않으면 성공하는 것은 시간문제라는 말이다. 천안즈의 말처럼 마음만 먹으면 십년이 걸리던 이십년이 걸리던 간에 필시 성공한다. 그러나 이와 반대로 성공하지 못한 사람은 평생 동안 단 하나의 결심도 하지 못한다.

미국의 영화배우 실버스타 스텔론은 지금처럼 유명해지기 전, 매우 고된 시절을 보냈다. 그는 단 100달러만 가지고 집세를 낼 돈도 없어 매일 차에서 잠을 잤다. 당시의 그는 영화배우가 되고 싶어 굳게 마음을 먹고 자신감에 가득 차 뉴욕 영화사의 배우선발에 응시했다. 그러나 잘생기지도 않았고 게다가 발음도 부정확한 탓에 번번이 떨어진 게 1,500번이었다. 계속해서 오디션에 떨어지자 〈록키〉라는 시나리오를 써서 여러 영화사에 보냈지만 매번 퇴짜를 맞았다. 시나리오 거절 또한 1,800번에 달한다. 그러나 그는 낙담하지 않고 포기하지 않았다. 또 다시 계속해서 영화사에 시나리오를 보냈고 결국 한 영화사에서 흔쾌히 좋다는 평가를 받았다. 끝까지 자신의 꿈을 위해 포기하지 않았기에 실버스타 스텔론이 현재

미국 뿐 아니라 전 세계적으로 유명한 영화배우로 인정받고 있는
것이다.

누구나 불행하고 견디기 힘든 시기가 있는 법이다. 실버스타 스
텔론은 셀 수 없이 많은 거절을 당했지만 결국 그의 시나리오를 받
아주는 영화사는 있었다. 평소에 볼 수 없는 아름다움이 특별할 때
나타나듯이 모든 일은 어떤 계기가 있어야만 완벽해진다. 어떤 시
기는 일이 마음먹은 대로 되지 않겠지만 그 시기가 지나면 굳이 애
쓰지 않아도 저절로 일이 해결되기도 한다. 운명은 항상 똑같이 찾
아오지 않는다.

그 때문에 우리는 힘들어하지만 운명의 장난으로 우리의 인내심
이 얼마나 깊은지 시험해 볼 수 있는 경험으로 생각해도 될 것이
다. 만약 성공으로 이르는 엘리베이터가 고장 났다면 한 걸음씩 천
천히 계단으로 올라가면 된다. 계단만 있다면 혹은 사다리만 있어
도, 자신이 원하는 일을 하는 데는 엘리베이터가 고장 났다는 사실
은 중요하지 않다. 중요한 것은 바로 끈기를 가지고 한 걸음씩 꿈
을 향해 올라간다는 것이다.

변함없는 마음이 있으면 그에 대한 보상이 있다. 목표를 향해 전
진할 때 사람들의 비웃는 웃음, 조롱거리는 말은 신경쓰지 말아야
한다. 귀를 틀어막고 주변의 말에 흔들리지 말고 계속 자신의 목표
만 생각하고 행동해야 한다. 설령 그 여정에 방해가 되는 일이 있

어도 당당하게 맞서 해결해 나가면 문제가 되는 일은 많아지지 않는다.

때로는 한 가지만 해결해도 그 주변의 많은 일들이 저절로 해결되는 때도 있으며 시간이 문제를 해결해 주기도 한다. 우리가 할 일은 끝까지 조급하게 생각하지 말고 노력해 나가는 것이다. 이러한 태도를 가지고 생활한다면 자기에게 큰 변화가 생긴 것을 발견할 것이다. 의욕이 강해지고 자신감도 커지며 전에는 느끼지 못했던 생활의 즐거움도 알 것이다. 예전에 비해 업무에 있어서 능률도 크게 오를 것이고 인간관계도 크게 호전될 것이다.

당신이 한 발자국씩 전진할 때 주의해야 할 점은 절대로 'No'라는 말을 해서는 안 된다. 그 말이 당신의 결심을 흔들어 놓아 목표를 포기하게 할지도 모르기 때문이다. 포기한 채 다시 뒤돌아가 그동안의 들인 노력이 모두 물거품이 되어서는 안 된다. 따라서 성공의 길을 걸을 때 자신을 절제하는 것이 매우 중요하다. 다음에 당신이 스트레스를 받아 자제력을 가지기 어려울 때 해결할 수 있는 세 가지 방법을 제시한다.

1. 넓은 곳에서 소리치기

이 방법은 내성적인 성격을 가진 사람들에게 유용하다. 스트레스가 쌓여 기분이 나빠졌지만 다른 사람에게 말하고 싶지 않다. 이런 상황에서는 혼자 탁 트인 곳에 가서 크게 소리치는 방법이 있다. 소리를 칠 때는 마치 무대 위의 배우들이 연극을 하는 것처럼 역할을 정해놓고 힘껏 고함을 질러야 한다. 그래야만 평소에 쌓였던 감정이 풀어질 것이다. 역할에 깊이 빠져 소리치는 게 진실하고 절실할수록 마음속, 머릿속에 갇혀 있던 모든 것들이 풀어지는 효과도 더욱 크다. 이 방법을 사용해 본 사람의 말에 의하면 가슴 속에 담은 걱정거리와 우울함이 모두 사라져 정신적인 상처가 치료되었다고 했다. 소리를 치면 칠수록 스트레스도 멀리 사라지는 것 같고 대자연의 맑고 상쾌함이 저절로 생기는 것 같았다고 했다.

2. 빈 의자에게 말하기

이 방법은 인간관계에서 스트레스를 받았을 때 유용하다. 사람과 사람사이에서 의견의 충돌이 생기거나 감정적으로 마찰이 생겼지만 마음대로 화를 낼 수 없을 때 조용한 장소를 찾아 의자 두 개를 마주 보게 놓는다. 의자에 앉아서 맞은편 빈 의자에 사람이 있다고 상상하고 그동안 쌓였던 감정을 푸는 것이다. 상대의 잘못을 조목조목 이야기 하고 그 때문에 자신이 얼마나 힘들었는지 어떤 상처를 받았는지도 말한다. 만약 이야기를 하던 도중 감정이 격해지면 주먹을 휘두르거나 발로 걸어차거나 또는 큰 소리로 울어도 된다. 빈 의자를 상대로 감정을 풀 때는 이야기에 몰입할수록 감정이 격해질수록 더욱 효과를 볼 수 있다. 한 심리상담가는 실연을 당한 사람에게 빈 의자를 상대로 감정을 푸는 방법이 좋은 치료방법이라고 한다.

3. 솔직하게 쓰기

이 방법은 열등감이 있는 사람이 자기를 절제할 때 유용하다. 어떤 경쟁 속에서 자신감이 없거나 점점 자신감을 잃어갈 때 편지를 쓰는 형식으로 솔직하게 자신의 생각을 적는다. 이 때 주의할 점은 자신의 잠재의식 속에 있는 부정적인 면들을 충분하게 표현하고 그 때문에 어떤 문제가 생기는지 설명해야 한다. 또한 앞으로 자신이 어떠한 태도를 가질 것 인가에 대해서도 적는다.

이처럼 사람은 자신의 스트레스와 감정을 조절하면서 사회에 적응해 나갈 수 있다. 여러 가지 성격과 행동이 가지는 유기적인 관계를 깊이 생각해보면 사람들이 왜 싫어하고 왜 좋아하는지에 대한 원인을 찾을 수 있을 것이다.

mentoring
사람은 한편으로 자신을 조절해서 변화해야 하지만 다른 한편으로는 자기만의 개성을 고수해야 한다.

무엇으로 원하는 것을 얻을 것인가
: 갖춰라, 만들어라, 옮겨라

1판1쇄 발행 2017년 8월 10일
지은이 강준린 **펴낸곳** 북씽크 **펴낸이** 강나루
주 소 서울시 서초구 명달로 24길 46, 3층 302호
팩 스 02-6209-8193
등록번호 206-86-53244 ISBN 978089-97827-47-6
이메일 bookthink2@naver.com

MEMO